Ar Dân

Sioned Lleinau

GOMER

Argraffiad cyntaf – 2003

ISBN 1 84323 282 0

Dymuna'r cyhoeddwyr gydnabod cymorth
Cyngor Llyfrau Cymru.

Argraffwyd yng Nghymru gan
Wasg Gomer, Llandysul, Ceredigion

1

‘Rhed am dy fywyd!’

‘Arswyd! Beth odd hwnna?’

‘Bwled! Rhed!’

Ond allai Ifan ddim rhedeg mwy. Neidiodd yn straffaglus i ddiogelwch rhych dato. Gallai deimlo’r gwrysg yn goglais ei glustiau a’r pridd yn glynu wrth ei gorff chwyslyd.

‘Daf! . . . Ble wyt ti?’

Distawrwydd nerfus. Roedd sŵn curiad ei galon bron â byddaru Ifan. Roedd fel rhyw ryfelgri’n symbylu ei synhwyrau a’i gadw’n effro, effro.

‘Daf! Wyt ti’n ’y nghlywed i?’

‘Ydw! Ond bydd dawel y bat twp, neu bydd y ddau ohonon ni yn ’i chanol hi!’

Roedd Ifan wedi cael ei rybuddio droeon gan ei fam i beidio â mynd yn agos i’r Henllys heno. “Cofia di y gall Morysied Henllys wneud bywyd yn anodd i dy dad a minne,” siarsiodd, “a phaid anghofio am dy whâr!” Ond allai e ddim peidio. Wedi’r cwbwl, beth oedd ychydig dir rhent rhwng ffrindie, meddyliodd, a beth bynnag, allai e ddim â gwrthod ‘y bois’. Roedd e’n draddodiad!

‘Ifs . . . Wyt ti’n gweld rhywbeth?’

‘Na. Dim byd!’

Roedd y cyffro ar glos fferm yr Henllys wedi dechrau tawelu bellach. Ryw awr ynghynt, roedd y cyfan yn dân golau yno – goleuadau a lampau'n fflachio'n daer o un cwr o'r clos i'r llall, crochlefain aflafar gwŷr a gwragedd, yn elynion a chynghreiriaid, yn tasgu i bob cyfeiriad â'u gwynt yn eu dwrn. Ar Marc Sbarcs yr oedd y bai am y cyfan. Roedd yntau wedi mynnu dod gyda'r bois heno, i roi help llaw, medde fe, er nad oedd wedi bod gyda nhw erioed o'r blaen ar y fath ymgyrch. Fe oedd y 'lwc-owt' i fod. Doedd hynny ddim yn gofyn llawer, dim ond aros ar y cyrion yn gwneud yn siŵr fod y llwybr yn glir er mwyn cwblhau gweithgareddau'r nos. Ond o na! Llwyddodd yr hen Sbarcs, yn ei Ddoc Martens maint deuddeg newydd sbon a brynodd yn arbennig ar gyfer y noson, i roi ei droed fawr ar gynffon Capten y ci defaid a'i gwasgu gymaint nes y gellid clywed ei oernadu ym mhen draw'r cwm!

Wel, roedd hynny'n ddigon o rybudd i amddiffynwyr yr Henllys fod angen gollwng y gwydrau chwisgi, cydio yn eu harfau a mentro i faes y gad. O ran Ifan a Dafydd, allai pethau ddim fod wedi digwydd ar adeg waeth. Roedd y naill wrthi'n brysur yn 'addurno' wal ffrynt yr Henllys gyda'i frws a'i baent gwyrdd tra bod y llall yn ceisio gludo twll clo drws y cefn. Roedd hyn, wrth gwrs, ar ôl bod gyda'r bechgyn eraill yn hanner llenwi'r parlwr godro â thatws a chasglu'r clystrau godro a'u hongian yn ddestlus ddigon ar ganghennau'r coed ar hyd lôn y fferm!

'Glywest ti sŵn?'

Llais Dafydd ryw dair rhych nes draw.

'Na. Dim smic.'

Doedd gan yr un o'r ddau syniad i ble roedd y bechgyn eraill wedi sgathru. Roedden nhw'n rhyw saith yn y criw – wedi cyfarfod ganol nos ar gyrion y cae rygbi i drafod 'tic-tacs' cyn ei mentro hi draws gwlad tua'r Henllys. Er i Ifan a Dafydd fod ar ymgyrchoedd tebyg lawer tro o'r blaen, roedd rhyw gynnwrf arbennig heno. Wedi'r cwbl, roedd clwy'r traed a'r genau wedi rhoi taw ar eu direidi ers yn agos i flwyddyn, felly roedd dod allan heno i grwydro'r caeau fel pac o anifeiliaid rheibus yn rhoi min ychwanegol ar eu gweflau. A pha well ysbail i'w geisio na Gwyn Morys, yr Henllys, neu Morys Bach, fel y gelwid e, ar y noson cyn ei briodas?

A phwy, yn wir, fyddai wedi meddwl mai Morys Bach fyddai'r cyntaf o blith eu criw nhw i briodi, ac yntau a Llinos ond newydd ddechrau mynd gyda'i gilydd? Rywsut, gorwedd yn ddigon anesmwyth gyda'i gilydd yr oedd y geiriau 'Morys Bach' a 'phriodi'. Wedi'r cwbl, cochyn bach boliog oedd e, yn gâci o'i ben i'w sawdl a'i lygaid disglair fel dwy em bitw y tu ôl i'w fochau brycheulyd a wridwyd gan awyr iach fferm yr Henllys. Na'n wir, doedd e ddim yn 'hync', a doedd ganddo fawr o bersonoliaeth petai'n dod i hynny. Pryd y buodd e ymhellach na phont Caerfyrddin, neu hyd yn oed y ffordd osgoi, oedd yn gwestiwn!

'Wy'n synnu 'i fod e'n gwbod beth i neud â menyw!' oedd cytgan gyson Dafydd, fel petai e'n bencampwr yn y maes! Ond roedd Fforden newydd las danlli, parlwr godro awtomatig, a mwy na thri chan erw o dir, yn fwy na digon i ddenu ambell ferch.

Roedd Ifan wedi cael sioc yn Llinos, serch hynny. Un ddigon tawel a diniwed oedd hi, er yn ffrind â Cerys, ei chwaer fach, ac yn hynod o swil, hefyd, pan ddeuai i'r Clwb Ffermwyr Ieuanc. Priodi'n ddwy ar bymtheg oed! Allai e ddim deall rhesymeg y peth! Rhaid oedd byw ychydig cyn mentro i gwlwm priodas. Wiw iddo ddweud hynny wrth Lowri, ei chwaer hynaf, serch hynny, a hithau'n mynd i briodi'r haf nesaf. Ond o leiaf roedd honno'n bump ar hugain ac yn deall rhywfaint am bethau'r byd. Ond Llinos!

'Hy! Ma 'na ddrwg yn y caws yn rhwle, gei di weld,' meddai Dafydd. Roedd Ifan, yntau, wedi dechrau dod i'r un casgliad. Roedd rhyw gyfrinachedd hysh-hysh rhyfedd ynglŷn â'r briodas. Nid tan yr wythnos gynt yr aeth yr hanes ar led, ac nid oedd un o'r bois wedi cael gwahoddiad, er cymaint yr oeddent wedi ei gludo a'i gario'n llythrennol ar nos Sadyrnau tanbaid yn y Cwm ar ôl Smirnoff neu ddau'n ormod. Pa ryfedd mai 'gad iddi fynd' oedd y gytgan ar gyrion y Cae Rygbi y noson honno.

'Ma nhw wedi rhoi trâd iddi, Ianto.' Bu bron i Ifan dagu ar wyfyn pan glywodd lais sebonllyd Trefor Morys, tad Gwyn, y tu ôl i'r clawdd, dim ond rhyw ddeg rhych ymhellach draw oddi wrtho.

'Na! Sa i'n credu gwelwn ni'r iobos bach 'na heno ragor!' atebodd Ianto Pistyll.

'Mae'n syndod beth all sŵn twelf-bôr 'i neud i ddyn – catris llawn llafur neu beido! Hy! Dere Ianto, wy'n credu'n bod ni'n haeddu Grouse bach arall!'

'Syniad da, Tref!'

Yn araf, gallai Ifan deimlo'i waed yn dechrau cynhesu eto wrth iddo glywed welis rwber y ddau amddiffynnwr yn anwesu'r lôn yn foddhaus ar y ffordd yn ôl tua'r tŷ. Gallai hefyd glywed Dafydd yn gollwng ochenaid o ryddhad drwy'r gwyll.

'Reit,' meddai, 'beth am 'i mentro hi?' Roedd Ifan wedi diflasu ar deimlo'n llaith a'r pridd yn dechrau briwsioni'n anghysurus i mewn i'w esgidiau a godre'i drowsus.

'O leia wedyn byddwn ni gartre cyn iddi ddechre dyddio.'

Gwyddai Ifan mor falch oedd ei gyfaill o'i gwmni y funud honno. Cofiai'n iawn noson cyn priodas Elin Rhyd-ddu, pan wahanwyd Dafydd oddi wrth weddill y criw yn nüwch y nos wrth iddo straffaglu ar draws un o'r dolydd â phiben hwfer o gylch ei wddf a gweddill y peiriant yn cordeddu rywle o gwmpas ei fferau, ac Elfed, brawd Elin, yn dynn ar ei sodlau. Yn sydyn, sylweddolodd na wyddai ymhle ar wyneb daear yr oedd e. Chwiliodd am ryw nodwedd tir a allai ei helpu, ond yn ofer. Ni fedrai weld na choeden na chlawdd nac ysgallyn a allai ei gyfeirio yn ôl i'r ffordd fawr a diogelwch y 'pic-yp'. Rhewodd. Diflannodd y nerth o'i freichiau a disgynnodd yn llwyth i ganol y brwyn. Yn y pellter, tybiai y gallai weld smic bychan o oleuni oren yn disgleirio. Elfed yn tynnu ar ei ffag, meddyliodd wrtho'i hun. Eisteddodd ac eisteddodd yno yn y tywyllwch, er nad oedd yr hen ffag yn symud fawr ddim. Bu'n craffu ar y ffag am gymaint o amser nes yn y diwedd syrthiodd i gysgu ar ganol y ddôl yng nghwmni'r hwfer. Pan ddeffrôdd fore trannoeth, teimlai'n ffŵl a hanner. O syllu o'i gwmpas gyda'r wawr, sylweddolodd nad goleuni ffag y bu'n ei wylio'r noson honno, ond goleuni'r lleuad yn adlewyrchu ar olau cefn tractor Rhyd-ddu a oedd wedi ei pharcio yno yn y sièd ym mhen ucha'r cae! Tynnwyd ei goes am fisoedd wedi hynny, ac roedd ganddo fe boen cysgu'n lletchwith yn ei wddf am wythnos a mwy wedi'r noson anffodus honno!

'Dere 'te!' mentrodd Dafydd, ac i ffwrdd â nhw fel dau filgi ar draws y cae tato.

'Rhaid bod ffyrdd haws o ga'l sbort, glei!'

2

Un wasgiad fach arall. Dyna i gyd. Dim ond un wasgiad fach . . .

O'r diwedd! O! Y rhyddhad!

Câi Cerys wefr o wasgu plorod, er cymaint y gwylltiai o weld y cochni achlysurol yn araf gynhyrfu'n dwmpathau hufennog o dan ei chroen! Byddai ganddi enwau ar gyfer pob un – enwau'r bobl hynny yr oedd yn eu casáu ar yr adeg arbennig honno yn ei hanes. Williams Maths a Gwen Siop oedd pob un heno – y naill am ei hatgoffa mai *dynion* oedd meddylwyr mwya'r byd, a'r llall am werthu allan o Walnut Whips cyn amser cinio! Ffyliaid! Felly, rhoddai gwasgu'r crawn o enaid pob Wil a Gwen ar ei gên y boddhad mwyaf iddi.

'Un o bleserau bod yn un ar bymtheg!' meddyliodd wrthi ei hun. Er cymaint yr oedd hi wedi bod yn dyheu am gael tyfu'n hŷn, mynd i'r Chweched Dosbarth, cael ambell gariad, dysgu gyrru car ac yfed ambell beint, buan y daeth i sylweddoli nad oedd bywyd yn fêl i gyd. Roedd wedi anghofio'n gyfleus am broblemau'r rhyw deg, hormons, cost cadw i fyny â ffasiwn, mileindra merched – a phlorod! Ar adegau felly, hiraethai am gael bod yn niniweidrwydd diogel deg oed unwaith eto.

'Cer? Wyt ti'n barod?' Roedd Lowri, ei chwaer, ar waelod y grisiau yn ddrain yn ei chroen eisiau mynd.

'Pam? Beth yw'r brys?'

'Wel, dŷn ni ddim isie bod yn hwyr nad ŷn ni!'

'O! Dod nawr!' atebodd, gan dwrio rhwng y cwilt a'r gobennydd am ei brws gwallt.

Gwyddai'n iawn beth oedd y brys. Eisiau mynd i gwrdd â Gwilym roedd Low. Dyna'r rheswm am yr holl ymbincio a rhuthro ers iddi ddod adre o'r gwaith, a'r rheswm am y crys-T sbarcli a'r deugain punt o jîns 'bwtleg' newydd oedd amdani heno. Roedd hi'n gwneud ei gorau i ymddangos yn cŵl, ond roedd Cerys yn ei hadnabod yn iawn. Fyth ers i bethau droi'n sur rhyngddi hi a Dylan Ffairfach, ac iddi ddechrau mynd mas 'da Gwilym ryw ddwy flynedd yn ôl, roedd Lowri wedi newid. Gynt, byddai Cerys wrth gynffon ei chwaer fawr ymhob man. Roedd y ddwy mor agos ag y gallai dwy chwaer fod, yn rhannu lipstic ac esgidiau mor aml ag y byddent yn rhannu cyfrinachau. Lowri a'i dysgodd sut i blicio'i haeliau, am fascara ac eillio coesau, cyn bod sôn am gwyro na siwgru! Hi, hefyd, a eglurodd ryfeddodau dillad isaf iddi – am deits-ffurfhau-coesau ac am nicers-bola-fflat – er ei bod hi, Cerys, yn cymryd arni drwy'r amser ei bod yn gwybod y cyfan am y materion hynny eisoes! 'Delyth Bryn, druan! Roedd angen mwy na phâr o nicers i ddal ei bol hi'n fflat!' cellweiriodd Cerys wrthi ei hun. Ond roedd wedi addo i Low na ddwedai air wrth neb am y busnes. Rhaid ei bod hi wedi cael tipyn o fraw, serch hynny! Codi fore Sul a gweld ei migyrnau'n chwyddedig ac yn biws las. Ofni thrombosis wnaeth hi gyntaf, a hithau'n taeru ei bod hi'n rhy ifanc i ddioddef oddi wrth y fath gyflwr. Darganfod, wedyn, mai problem cylchrediad gwaed oedd ganddi ac mai ar nicers-bola-fflat St Michael yr oedd y bai! Roedd Bacardi Breezer neu ddau yn ormod wedi peri i Delyth syrthio'n gorff ar y gwely ar ôl dychwelyd o ginio'r clwb, ac roedd wedi anghofio tynnu ei dillad – a'i nicers – ac wedi cysgu ynddynt drwy'r nos!

A dyna'n union broblem Cerys. Roedd bywyd mor gymhleth. Fe ddylai fod yn syml. Ond roedd hyd yn oed dewis pâr o nicers yn ddryswch! Teimlai'n unig. Ar ei phen ei hun. Roedd yn sicr fod mwy o siarad yn arfer bod ar aelwyd y Gelli. Nid bod neb wedi cweryla. Roedd pawb fel petaent erbyn hyn â'u busnes bach eu hunain. Fyddai'r dynion ddim yn deall dim beth bynnag, wfftiodd. A dyna'i mam, yn coginio a chadw tŷ drwy'r dydd ac yn pwyllgora neu wrth ei gwaith llaw gyda'r nos. Sut allai hi wynebu pwytho'r un llun arall, ni fedrai Cerys ddychmygu! Ac unwaith y gorffennai hwnnw, buasai rhyw ffasiwn newydd yn dod heibio wedyn i'w denu, a hithau'n ymroi'n llawn iddo, fel plentyn wedi ei hudo gan bibydd. Roedd y Gelli'n llawn o'i champweithau, yn glytweithiau, potiau clai, *decoupage,* gwaith les – ac nid digon rhoi cynnig arni, rhaid oedd i'w mam feistroli ei chrefft yn llawn. Hwyrach mai dyna pam na theimlai Cerys ei bod hi'n cael yr un sylw gan ei mam ag yr haeddai. Beth os oedd wedi diflasu ar fagu plant? Ei hamynedd yn prinhau a'i brwdfrydedd yn pylu? Wedi'r cwbl, gyda Lowri ac Ifan, roedd ganddi enghreifftiau digon teilwng o'i llwyddiant fel mam. Pwy oedd i ddweud nad oedd mynd trwy'r un hen broses am y trydydd tro, ddeng mlynedd yn ddiweddarach, yn fwy nag y gallai ddygymod ag ef, a'i bod hi'n barod i symud ymlaen at ryw ddiddordeb newydd? Chwarae teg, roedd hi wedi croesi'r hanner cant, yn iach, a chanddi ei bywyd ei hun i'w fyw a'i breuddwydion ei hun i'w dilyn. Ond pam na allai gynnwys Cerys yn fwy yn y breuddwydion hynny, gymaint â Lowri neu Ifan?

Synhwyrai Cerys fod ei mam fel petai'n ymateb yn fwy i'r ddau hŷn nag iddi hi, p'un ai dychmygu hynny roedd hi neu beidio. Wrth gwrs, câi Cerys ei mam i gyd iddi hi ei hunan am ychydig wedi dychwelyd o'r ysgol, ac er eu bod yn sgwrsio'n ddigon hwylus, roedd hi'n amheus a oedd ei mam yn *gwrando* ar bopeth oedd ganddi i'w ddweud. Wedi'r cwbl, roedd wedi clywed y cyfan o'r blaen – ddwywaith – felly roedd y cyfan yn ail-natur iddi; ond i Cerys, oedd yn ei fyw am y tro cyntaf, teimlai'n aml ei bod ar ei phen ei hun yn rhwyfo yn erbyn y llif.

Roedd hi hyd yn oed wedi colli Lowri! Bellach, Gwilym oedd y cwbwl. Roedd hi'n meddwl, anadlu a byw Gwilym! Sut roedd hi'n llwyddo i sicrhau fod cyfansymiau banc y Ceffyl Du yn mantoli ddiwedd dydd, wyddai Cerys ddim! Yn enwedig ers Llanelwedd, a'r DYWEDDÏAD! Hy! Fu hi'n ddim byd ond cylchgronau priodi drwy'r tŷ i gyd ers hynny. Lowri a Beryl, ei mam, yn cymharu ffrogiau o'r naill gylchgrawn a'r llall, a'u tad, Tom Huws, yn gefndir i'r cyfan gyda'i ymbil cyson:

'Sa i'n moyn top hat 'no!'

Roedd Ifan hyd yn oed wedi bygwth naddu'r geiriau hynny ar ei garreg fedd petai'n parhau â'i brotest lawer yn hirach! Chwarddai Cerys wrth feddwl am y peth:

Yma gorwedd Tomos Huws,
Gŵr, Tad a Ffermwr Parchus
Aeth i Gwrdd â'i Grëwr heb Dop Hat!

Ond ddylen nhw ddim cellwair felly, meddyliodd wedyn! Roedd eu tad yn ddigon diniwed. A beth bynnag, beth fyddai cyfnewid cap fflat am dop hat iddo fe, na allai fyw na chysgu, bron, heb rywbeth i gadw'i gopa llai na gwalltog yn gynnes? Ifan oedd tad y drwg. Bob amser yn tynnu coes pawb a phopeth o'i gwmpas!

'Cerys! Dere! Neu bydd rhaid i ti fynd 'da Ifan!'

''Da Ifan! Byth!' Gwyddai Cerys y gallai mentro i grombil y sgip o XR2 a alwai Ifan yn gar fod yn ddigon iddi. Doedd dim lle ynddo i neb roi ei draed ar y llawr yn iawn heb ddamsgyn ar rywbeth amheus, boed yn garton cyri gwag, yn oferôls drewllyd neu'n bâr o esgidiau rygbi oedd yn prysur lwydo i ebargofiant. A phwy a ŵyr beth oedd yn llechu yn ei ymysgaroedd cyn i Ifan ei brynu gan Llŷr Pantllwyd. Serch hynny, roedd Ifan ychydig bach yn fwy gofalus o'r tu allan, gan lwyddo i daflu ambell fwcedaid o ddŵr a sebon *Fairy* drosto'n achlysurol, yn enwedig os oedd yna 'noson fowr' yn yr arfaeth. Rhyfeddai Cerys at galonnau cymaint o ferched a doddwyd gan ychydig o sglein ar fonet. Pe na bai'r XR2 bach yn treulio cymaint o amser mewn amrywiol gilfannau ar hyd y fro berfeddion nos, efallai y byddai gan ei brawd fwy o amser i daclo'r tu fewn, meddyliodd yn chwareus. Methai gredu fod Ifan wedi llwyddo i ddenu Heledd Llain a Debi Tŵr Gwyn i'w grombil. Yr unig eglurhad y gallai Cerys gyrraedd ato oedd naill ai eu bod dros eu pennau a'u clustiau mewn cariad ag

Ifan, neu ei bod hi mor dywyll ar y nosweithiau hynny nad oeddent wedi medru gweld y llanast y tu fewn. Hwyrach, hefyd, mai dyna pam nad oedd yr un berthynas o eiddo ei brawd wedi para'n hwy na phum munud, chwarddodd Cerys wrthi ei hun. Beth bynnag am yr holl ferched, a thynnu coes Daf a Marc Sbarcs am 'antîcs' ac amgueddfeydd, roedd yn sicr mai ei Fiesta XR2 oedd cariad cyntaf Ifan.

Roedd Beryl, eu mam, wedi gorffen pregethu wrtho ynglŷn â chyflwr ei gar.

'Yn fyw neu'n farw, 'na'r lle diwetha fasen i eisie ca'l 'y ngweld!' oedd ei chri, er nad oedd wedi mentro unrhyw le'n agos iddo ers blwyddyn a mwy. Gwell fyddai ganddi fentro i gefn gwelltog y Land Rover i gyrchu llo i'r mart na chymryd ei lle ar orsedd y Fiesta! Ac roedd hynny'n sicr yn dweud rhywbeth o gofio'r holl drafferth traddu a gafwyd yn y Gelli'n ddiweddar!

A doedd gyrru Ifan fawr gwell! Rhuai o glawdd i glawdd fel petai'n ceisio naddu pob tro wrth fynd heibio. Byddai ochrau ei gerbyd yn frith o'r *Green, green grass of home*, wrth iddo yntau gynhyrfu i seiniau Tom Jones gan esgus mai fe oedd *Sex Bomb* Sir Gaerfyrddin! O na! Hyd yn oed petai Cerys yn llwyddo i gyrraedd pen y daith mewn un darn, mae'n amheus a fyddai'n gallu clywed yn iawn am fis wedyn!

Corsa coch Lowri amdani, felly, meddyliodd heb amheuaeth! Roedd hwnnw'n adlewyrchiad perffaith o bersonoliaeth ei chwaer fawr. Yn daclus, glân a threfnus, a byth yn torri unrhyw un o reolau'r ffordd fawr, er y gallai Lowri deimlo'n fwy hyderus na neb o wneud hynny, meddyliodd Cerys, a hithau ar fin priodi ei chyw cyfreithiwr! Er mai ond rhyw ddeunaw mis oedd rhwng Lowri ac Ifan o ran oed, roedd y gwahaniaeth rhyngddynt o ran personoliaeth yn lletach na Môr yr Iwerydd.

'O hwch â saith o foch!' ysgyrnygodd Cerys dan ei dannedd. Roedd wedi anghofio'r cyfan am Thomas Geog. Câi aros am ei draethawd *Tectoneg Platiau*! Roedd wedi treulio digon o amser eisoes heno ar *echdoriadau*, meddyliodd, wrth rwbio mwy o guddiwr *No7* ar flaen ei thrwyn yn dwt.

Taflodd un cip cyflym arni ei hun yn y drych a chynnig winc fach slei wrth fynd heibio.

Y sosial amdani 'te!

'Siapa dy stwmps!'

3

Roedd Neuadd Bentref Llwynbedw yn ferw gwyllt erbyn i Ifan gyrraedd.

'Hy! Ac on i'n meddwl mod i'n ddigon cynnar!' ebychodd wrtho'i hun.

Wedi stwffio'i Ffordyn mydlyd yn dynn rhwng pic-yp Marc Sbarcs a'r wal, taflodd Ifan ei ffôn symudol i'r sedd gefn yn rhywle o'r ffordd – deuddeg neges neu beidio – cyn cloi'r car. Dechreuodd wau ei ffordd drwy *hot-hatches* a *4x4s* y maes parcio cyn cael sioc o'r ochr orau o weld y lle mor llawn.

'Allet dyngu 'i bod hi'n ddiwygiad!' oedd unig sylw Dai Dwble wrth iddo fynd i mewn. Dai druan, meddyliodd Ifan! Yn dal â'i fryd ar yr oes o'r blaen – a'r oes o flaen honno petai'n dod i hynny! Un goes yn y ganrif ddiwethaf a'r llall – ynghanol ei fyd bach ei hunan yn rhywle! A'r byd bach hwnnw'n fyd a grëwyd iddo gan ei fam-gu a'i dad-cu a'i magodd wedi i'w fam farw'n sydyn. Chwarae teg i Dai, serch hynny, roedd bob amser wên ar ei wyneb, ac roedd yn hoff iawn o jôc. A dyna pam ei fedyddio'n Dai Dwble. Bob tro y gorffennai adrodd stori, ei eiriau olaf fyddai:

'Wherthin bois, on i'n wherthin cyment nes on i yn 'y nwble!'

'Hei Ifs, dere glou!' Llais Dafydd o gefn y Neuadd.

'Fi odd yn iawn, ti'n gwbod!'

'Am beth wyt ti'n browlan nawr, Daf?' gofynnodd Ifan cyn iddo gael cyfle i barcio'i ben-ôl ar ben y bwrdd yn iawn.

'Amdano fe, Morys Bach.'

'Beth amdano fe?' cynigiodd Marc Sbarcs o'r gornel.

'Wel, fod 'na Forys Minor yn mynd i fod yn yr Henllys!'

'Y?'

'O! Beth? Mae Llinos yn disgwl 'te?'

'Odi, odi! Ddechre'r flwyddyn nawr!'

'Jiw! Pwy feddylie? Morys Bach yn dad!' Roedd Marc Sbarcs yn gegrwth. 'A ninne i gyd yn meddwl mai chi'ch dou oedd styds yr ardal,' ychwanegodd gan anelu ei sylw at Ifan a Dafydd.

Er mor gellweirus oedd sylwadau Marc, teimlai Ifan yn ddigon anesmwyth o'u clywed.

'Llinos druan!' oedd unig sylw Ifan. Oes o dendio fyddai o'i blaen hi bellach, meddyliodd Ifan wrtho'i hun – babis, gwartheg a defaid, heb sôn am Morys Bach ei hunan! Gallai hwnnw fod yn ddigon diymadferth pan fynnai.

'Ie, oni bai fod peder cos 'da'r babi 'ma, a thipyn o sybsidi ynghlwm wrtho, digwyddiad y bydd 'da fe, Morys, fowr o ddiddordeb!' doethinebai Dafydd.

'Ma fe wedi'i wreiddio mor ddwfn yn 'i welis nes prin y gall e weld dros 'u copa!' ychwanegodd Marc. 'Felly pa obeth i'r newydd-ddyfodiad!'

Beth petai Cerys yn yr un sefyllfa â Llinos? Wfftiodd Ifan. Fyddai honno ddim yn gwybod ble i ddechrau; ei phen yn rhy uchel yn y cymylau i fedru plygu i dendio pen-ôl babi heb sôn am ymdopi â Morys Bach!

Gwyddai Ifan o brofiad mor sydyn y gallai pethau newid. Un noson – digon i newid byd. Petai'n cofio popeth am y noson honno, efallai, jyst efallai, y gallai roi pen ar y mwdwl. Diolchodd mai yng nghefn y car yr oedd ei Nokia y funud honno.

'Hy, ma 'na ddigon o gwennod bach teidi 'ma heno

boi, be ti'n feddwl?' Mentrodd Dafydd fel petai i brofi nad oedd e am gael ei adael allan.

Doedd Ifan ddim hyd yn oed wedi cael cyfle i weld pwy oedd yno'n iawn.

'Edrych draw fan'co. Merch Bryncelyn yw hon'co. Un fach yn 'i chewyn odd hi pan weles i ddi ddiwetha . . . ond ma ddi wedi llanw mas nawr . . .!'

Roedd yr olwg chwareus foddhaus ar wyneb Dafydd yn ddigon i bawb wybod beth oedd ganddo ar ei feddwl.

'Gwylia di na chlywith Siân di!'

'O, paid ti â becso nawr, Marc bach, ma Siân a fi'n deall ein gilydd yn iawn!'

'Ble ma Siân 'ta beth?' gofynnodd Ifan.

'O, ma ddi lawr yn y blân fan'co'n helpu DJ Robin Soch i whare gyda'i gêbls. Arswyd, sa i'n gwbod shwt mae'n gallu sefyll mor agos ato fe!' Trodd Dafydd at Ifan gan grychu ei drwyn.

'Falle'i bod hi'n hoff o wynt bacwn!'

'Sbarcs! Wyt ti'n meddwl mai dim ond gwynt bacwn sy'n perthyn i rywun sy'n magu dou gant o foch, glei!'

'Un . . . dau . . . Un . . . dau . . .!' Y gân grwndi gyson o flaen y neuadd. Roedd Robin Llwyndu yn ei ogoniant yn paratoi ei offer ansoffistigedig ar gyfer y 'Sosial' fawr. Ef oedd yr unig un o blith aelodau Clwb Ffermwyr Ifanc Llwynbedw i fentro dod â'i chwaraewr disgiau i blith yr anwariaid a fynychai 'Sosial' gynta'r tymor. Cofiodd Ifan am y tro hwnnw y daeth Wil Parc â chlorwth o *Hi-fi* ei rieni i'r Clwb tra oeddent hwythau i ffwrdd ar wyliau, a Marc Sbarcs yn rhoi ei ddiod o goffi ar y bwrdd troelli ar y top, gan *esgus* mai meicrodon ydoedd, nes i'r coffi fyrlymu i mewn i grombil y peiriant a'i fygu'n farw fud!

'Bydd di'n ofalus beth ti'n neud â'r meic 'na nawr Soch!' gwaeddodd Dafydd yn gellweirus o'r cefn nes peri i Siân gochi fel coeden geirios.

'Dwy funud 'to, ac fe fyddwn ni'n barod,' oedd yr unig sylw o'r blaen.

Gallai Ifan weld fod Lowri'n dal â'i phen yn y llyfr cofnodion. Rhyfedd mor rhwydd y gwirfoddolodd i fod yn Drysorydd y Clwb Ffermwyr Ifanc unwaith iddi sylweddoli mai Gwilym fyddai'r Cadeirydd! Doedd Lowri fyth yn hapus heb fod ganddi ddyn i'w chanlyn, ac yn Gwilym, hyd y gwelai Ifan, yr oedd wedi cyfarfod â'i chymar perffaith. Yn dal, yn fonheddig ac yn ddeallus; roedd Lowri wedi disgyn ar ei thraed y tro hwn, wedi sawl anhap yn y gorffennol. Credai ei brawd yn sicr mai gyda Dylan Ffairfach, neu *Vidal Babŵn*, fel y'i bedyddiwyd gan Dafydd oherwydd ei fop o gyrls tywyll, yr oedd dyfodol Lowri dro yn ôl, cyn i hwnnw benderfynu cydio mewn offer cneifio a throi ei olygon tua Seland Newydd. Torrodd ei chalon bryd hynny. Hithau â'i bryd ar briodi, yn gweld y cyfan yn mynd yn chwilfriw, a'i hamynedd yn drech na hi. Ond, efallai mai da o beth oedd hynny yn y pen draw, yng ngolwg

Ifan. Wedi'r cwbl, sut allai gydnabod brawd-yng-nghyfraith â'r fath lysenw!

Yna, daeth Gwilym. Gwilym gyfreithiwr, a'i radd yn sicr dan ei gesail, a ddychwelodd adref o'r Coleg ger y Lli, i ddablo rhywfaint ym musnes bwydydd anifeiliaid y teulu, cyn penderfynu'n iawn ymhle roedd ei ddyfodol. Roedd Ifan, wrth gwrs, yn hen gyfarwydd â Gwilym. Bu'r ddau yn yr un dosbarth yn Ysgol Llwynbedw, ac wedi hynny'n teithio'n ôl ac ymlaen o Aber gyda'i gilydd – y naill yn y Brifysgol, ac Ifan yn y Coleg Amaethyddol, ei annwyl W.A.C. A dyma nhw, bellach, yn ôl yn eu cynefin, fel petai dim wedi newid. Choeliai Ifan fawr!

Rhaid mai yn y blaen yn rhywle yr oedd Cerys, hefyd, gyda gweddill y 'byblgym brigêd' yn rhannu cyfrinachau am fawrion y byd pop a ffasiwn.

'Un . . . dau . . . tri . . . Un . . . dau . . . tri . . .'

'A ta beth, Sbarcs,' dechreuodd Dafydd eto, 'dw i ddim wedi madde'n iawn i ti am nos Wener 'to . . . Ti â dy draed mawr!'

'Ie, odd hi'n agos braidd!'

'Braidd! Dipyn agosach ac fe fydde Ianto Pistyll a finne'n rhannu'r un trowsus!'

O'r diwedd, daeth rhyw olwg o drefn ym mlaen y neuadd a chydiodd Gwilym yn y meicroffôn y bu Robin Soch a Siân mor daer yn ei baratoi.

'Nawr 'te ffrindie! . . . Rŷn ni'n barod i ddechre o'r diwedd!' mentrodd y cadeirydd yn awdurdodol o'r blaen.

'Hen bryd 'fyd!'

'Diolch, Marc! Ga i eich croesawu i gyd i gyfarfod cyntaf Clwb Ffermwyr Ifanc Llwynbedw am eleni, gan obeithio y bydd hi'n flwyddyn i'w chofio, yn hytrach nag yn flwyddyn i'w hanghofio fel y llynedd!'

'Hy! Mae olion clwy'r traed yn y genau ar Marc Sbarcs o hyd!' mentrodd Ifan i fonllefau o chwerthin.

'Wel, gyfeillion,' dechreuodd Gwilym eto, 'gan nad yw ein hysgrifenyddes, Ann Plase, wedi cyrraedd eto . . .'

'Dail ar y lein heno 'to, sbo!' Dafydd y tro hwn.

'Mae dom ar y lôn yn fwy tebygol!' ychwanegodd Ifan.

'Fe ddechreuwn ni gyda'n gême . . . Beth am ddechre gyda'r hen ffefryn, dawns y Gaseg Eira – *Snowball.* Siân, Dafydd, ddewch chi mlân i ddechre?'

''Co ti, Daf. Dyma gyfle i ti ddangos dy stwff i'r cwennod bach i gyd – reit o flaen trwyn Siân!'

'Olreit, olreit Sbarcs . . .'

Erbyn rhyw hanner awr wedi naw, roedd Neuadd Llwynbedw fel sawna, a choesau a breichiau'n cael eu taflu i bob cyfeiriad i gyfeiliant ambell sgrech ymdrechgar a phyliau o chwerthin. I lawer, hon oedd uchafbwynt y noson, wrth i holl fynychwyr y 'sosial' geisio ymgodymu â gêm y 'Joci a'r Marchog'.

'Shwt yn y byd wnes i lwyddo i dy fachu di ar adeg mor anghyfleus?' oedd unig sylw Marc Sbarcs wrth Delyth Bryn, neu'r 'Wyddfa Fach', fel y'i llysenwid ganddynt weithiau, wrth i Gwilym ddechrau gweiddi ei gyfarwyddiadau. Yn agos i bymtheg stôn, os oedd hi'n owns, a'r bloneg yn adlewyrchu pob symudiad o'i heiddo, roedd Delyth yn ferch y buasech yn falch o'i gweld adeg llwytho gwair, yn hytrach nag ar adeg fel hon. Cododd sŵn hymian 'Dewch ar y trên bach' o rywle, er na allai Sbarcs yn ei fyw ddirnad o ble.

'Ble ma' dy grân di heno, Sbarcs?' Gwaedd Dafydd o'r tu ôl iddo wrth iddo hyrddio rhyw eneth hanner maint Delyth fel joci ar ei gefn. Taflodd Delyth olwg amheus arno gan ystumio fod dial o'i flaen ped ynganai un gair ymhellach.

'O leia fydd dim isie i fi fecso am fynd i'r gwaith fory 'no,' mentrodd Marc wrth i Delyth blannu ei hun yn frenhinol ar ben-glin ei marchog anfoddog ar ôl rhoi ergyd egr, foddhaus i'w asennau â'i phenelin. Diolchodd Ifan mai Cerys, ei chwaer, oedd ganddo yntau'n bartner, ac na fyddai hi fawr o dro cyn cael digon ar y gêm nad oedd yn ddigon 'cŵl' iddi hi. Roedd wedi ceisio osgoi pob merch sengl addawol yr olwg heno. Doedd ei galon yntau ddim ynddi. Roedd e eisiau osgoi'r holl gymhlethdodau a oedd ynghlwm wrth ferched – a bechgyn, petai'n dod i hynny. Teimlai ryw anesmwythyd yn ei gorddi nes ei gwneud hi'n anodd iddo ymgolli'n llwyr yn y rhialtwch. Roedd e eisiau dal gafael yn ei ryddid am ychydig, ac yn bendant eisiau osgoi'r math o berthynas oedd gan Dafydd a Siân.

‘Hy! Alla i feddwl am ffyrdd mwy pleserus o gael *slip-disc*!’

‘Dafydd Puw! Wyt ti’n anfaddeuol!’ Roedd Cerys, hithau, wedi deffro nawr. Chwarae teg iddi, meddyliodd Ifan, doedd arni byth ofn lleisio’i barn, er efallai’n *rhy* barod ar adegau.

‘Joci!’ gwaeddodd Gwilym eto. Roedd coesau Marc yn gwegian erbyn hyn, ond roedd yn daer i beidio ildio – yn enwedig tra bod Dafydd yn dal i’w boeni.

Erbyn i Ifan benderfynu ei throi hi am adref tua’r Gelli, roedd Dafydd yn ei ogoniant, wedi profi unwaith eto mai ef oedd pen marchog y Clwb, tra bod Marc Sbarcs yn chwythu fel tarw ar lawr wrth geisio llusgo’i hun yn ôl i’w sedd er mwyn cael ei wynt ato!

‘Well i ti gael ocsijen, Sbarcs!’ Allai Dafydd ddim â bod yn dawel. Roedd yn ben corddwr, a’i dafod cellweirus, ffraeth wedi mynd ag ef i drwbwl lawer gwaith!

Y tu allan i’r Neuadd, roedd hi wedi codi’n noson serennog braf a golau’r lleuad yn peri i’r gwlith a oedd yn flanced dros y ceir ddisgleirio’n chwareus. Suddodd Ifan i sedd lychlyd ei Fiesta a throi’r chwaraeydd cryno-ddisgiau ymlaen hyd ei eithaf. Yno, yn nhywyllwch clyd y car, gallai gau’r byd allan.

4

Braf yw bywyd tarw! Wel, dyna roedd Ifan wedi ei gredu erioed. Dyna a gredai o hyd, petai'n dod i hynny, wrth wylio *Madisson Regal Spitfire,* neu Shadrach, fel y'i llysenwyd, yn mynd drwy ei bethau ar glos y Gelli wedi brecwast rhyw fore braf ddiwedd Medi. Gobeithiai, serch hynny, nad tân yn unig oedd ym mhoer hwn! Wedi mynd i'r holl drafferth o'i fewnforio fel embryo o Ganada ychydig flynyddoedd yn ôl, roedd gobeithion Ifan a Tomos y Gelli amdano'n fawr. Câi Ifan hi'n anodd i gredu y gallai rhywbeth a ddechreuodd o hedyn mor fach, dyfu i fod yn gymaint o anghenfil â'r hyn a welai o'i flaen heddiw. Yn goesog a chyhyrog, yn wyn drosto bron i gyd heblaw am ambell smotyn du i'w atgoffa mai tarw Holstein ydoedd, roedd yr hen Shadrach yn darw a hanner. Ac am ei ddawn gyda'r rhyw deg! Doedd Dafydd ddim ynddi! Allai Ifan ddim ond cenfigennu at ei allu a'i ddyfalbarhad! Wedi'r cwbl – un tarw, a thros gant a hanner o wartheg yn awchu am ei wasanaeth! Onid dyma oedd nefoedd ar y ddaear!

Daeth Tomos Huws draw i bwyso ar y glwyd wrth ochr ei fab. Arferai Ifan a'i chwiorydd wneud hwyl am ben eu tad a Wil Ifans Llety pan oeddent yn iau. Gallai'r ddau hynny dreulio bore cyfan yn rhoi'r byd yn ei le wrth bwyso ar glwyd. Y naill a'r llall â'u breichiau ymhleth dros y bar uchaf ac un droed yn goglais y bar isaf – gallent fod yno am oriau! Câi

Beryl Huws bleser mawr o'u gweld yno, a'r hwyaf y pwysent, y lletaf y wên ar ei hwyneb.

'A ma nhw'n dweud mai menywod sy'n cloncan!' oedd ei chytgan gyson.

Ni feddyliodd Ifan erioed y buasai yntau'n syrthio i'r un rhigol ymhen amser. Ond roedd rhywbeth yn ddigon dymunol mewn pwyso ar glwyd, hefyd, o leiaf pan fyddai amser yn caniatáu. Nid fod y meddyliau a gawsai tra oedd yn pwyso felly wedi bod yn rhai rhy ddymunol yn ystod y misoedd diwethaf. Roedd wedi mynd i deimlo'n ddigon digalon. Bu, ers tro, yn methu â chael geiriau megis clwy'r traed a'r genau, *BSE*, *TB*, gor-ddrafft, dirwasgiad, ac ati, allan o'i feddwl. Ac ar ben y cwbwl – Mari. Roeddent fel rhyw fwganod yn neidio allan o'r cysgodion a'i fygwth bob hyn a hyn. Hyd yn oed pan gysgai, câi ei ddeffro ambell noson yn chwys domen ar ôl bod yn dychmygu ei hun â'i 'dwelf-bôr' yn ei law yn anelu at dalcen llo gwryw newydd-anedig, am nad oedd unrhyw 'werth' iddo fynd ag ef i'r farchnad. Nid dyma pam yr aeth ef i'r Coleg; na chwaith pam y dychwelodd i'r Gelli!

Deuai geiriau Wil Ifans Llety yn ôl yn gyson i'w feddwl ar adegau felly.

'Sut ath hi 'da ti heddi'n y mart 'de Wil?' oedd ymholiad Tomos Huws wedi i ymlusgo arferol ei gymydog tuag adref, gan bwyll bach gyda'r clawdd yn ei Defender goch danlli o farchnad Caerfyrddin, ddirwyn i stop ar ben lôn y Gelli.

'Hy! Paid â sôn! Dou lo odd 'da fi – a hyd yn ôd ar

ôl gwerthu rheini, wnes i ddim digon i dalu am frechdan ham a dished o de yn y caffi!'

'Bydd rhaid i ti ganu am dy swper heno 'to 'de!'

Ac i ffwrdd â'r ddau i'r tŷ i geisio disgled o de boddi gofidiau gan Beryl, a thamaid o gacen, siŵr o fod.

Dwy bunt am lo, wir! Byddai'r peth yn chwerthinllyd oni bai ei fod mor drasig, meddyliodd Ifan wrtho'i hun. A dyma fe heddiw eto yn troi yn yr un botes – troi Shadrach at ddwy fuwch ddiniwed. Petaent ond yn gwybod pen draw'r busnes, wfftiodd. Wel, o leiaf roedd Shadrach yn hapus – a Heulwen a Bet, petai'n dod i hynny!

'Shwt ma'r ddwy fach 'ma'n dod mlân 'de Ifan?' gofynnodd Tomos Huws yn foddhaus i'w fab. Roedd blynyddoedd o ymdrechu i fagu stoc o safon yn dechrau dwyn ffrwyth, ac roedd y balchder yn llygaid y tad yn amlwg. Doedd Tomos ddim wedi bod yn agos i na darlith na choleg erioed. Profiad deugain mlynedd o ffermio a roes iddo'r ddealltwriaeth o'i stoc a'i fferm. Bron nad oedd yn genfigennus o Ifan am lwyddo i ddysgu cymaint yn y coleg o fewn cyfnod mor fyr, er bod yr ymarferol, wrth gwrs, yn wahanol iawn i'r damcaniaethau a blannwyd yn ei feddwl gan yr ysgolheigion gwybodus hynny wrth y lli. Teimlai Ifan, yntau, gryn ryddhad o sylweddoli bod ei dad yn dechrau meddalu i rai o'r syniadau newydd y dychwelodd â hwy gydag ef o Aber, er mor anodd oedd hi ar y dechrau. Bu bron i Wil Ifans dagu ar ei Fint Imperial pan soniodd Tomos wrtho gyntaf am fewnforio had o Ganada. Treuliwyd aml i awr o gylch yr Aga ar fore Sul yn seiadu am *semen, embryos, AI,* a gwyddoniaeth, ond tin-droi wnâi'r niwl yn ddryswch o gylch llygaid Wil o hyd.

Ymbalfalodd Ifan ym mhoced ei *Levi's* i chwilio am ei lyfr bach du a'i bensil!

'Hy! 'Na jôc arall,' meddyliodd Ifan. Yr holl chwedloniaeth oedd wrth 'lyfrau bach du' hwn a'r llall – llawn manylion am wartheg a'i dyddiadau lloia oedd ei lyfr e! Doedd ynddo ddim lle i na rhifau ffôn cariadon na dim byd arall. Dim hyd yn oed Mari. Hwn oedd ei feibl ac, hebddo, byddai ar goll. Ychwanegodd enwau Heulwen a Bet y ofalus wrth y dyddiad, ac aeth draw i agor y iet.

Efallai mai dyna beth aeth o'i le, ebychodd Ifan wrtho'i hun. Petai wedi ychwanegu enw Mari i'w lyfr bach du, efallai na fyddai yn y twll yr oedd ynddo ar hyn o bryd. Ond ar Llŷr Gog yr oedd y bai. Pe na bai wedi dychwelyd i Aber ar gyfer parti cyn priodi Huw Môn ddiwedd mis Awst, efallai na fyddai dim o hyn wedi digwydd. Bu'n ceisio chwilio am ateb ers misoedd. Sut yn y byd y llwyddodd i ffeindio ei hun ym mreichiau Llŷr Gog, a hwnnw'n ei gofleidio, ac yn ei anwesu ac yn . . .!? Ceisio clust i wrando cwyn yn unig oedd bwriad Ifan wrth droi at Llŷr am sgwrs. Y tywydd, ffermio, merched – fe'u rhoddwyd yn eu lle bob un! Ond, deffro ben bore yn ystafell Llŷr . . . a methu cofio . . . dim. Dim ond dychmygu . . . Doedd bosib!

Methodd wynebu brecwast. Nid fod neb wedi sylwi, gymaint eu pennau clwc. Aeth heb hyd yn oed ffarwelio. Neidio'n syth i sicrwydd ei XR2, a throi ei drwyn yn ddwys a difrifol tua'r gorllewin. Ni allai egluro'n iawn beth a ddigwyddodd wedyn. Clos y Gelli oedd ei nod pan gychwynnodd ar ei daith. Y Gelli'n gwrlid cysurlawn y gallai guddio'i gywilydd oddi tano'n gynnes, glyd, gan gau ei lygaid ac anghofio'r cwbl. Ond cyn cyrraedd Aberaeron, daeth rhyw ysfa ryfedd drosto. Rhaid oedd gweld Mari. Byddai hi'n deall. Byddai hi'n deall heb iddo orfod dweud gair. Fel nyrs, roedd hi'n gyfarwydd â thrafod pobl a'u problemau. Ond roedd hi'n ei adnabod e hefyd – yn ei adnabod yn dda. Hi, a neb arall, allai brofi iddo mai wedi dychmygu hunllef y noson cynt yn Aber yr oedd. Ond roedd Mari yng Nghaerdydd . . . Ac roedd Caerdydd mor bell . . .

Fe gafodd hithau sioc. Chwarter i ddeuddeg. Dwy awr a hanner o Aberystwyth i drothwy fflat Mari yn y Rhath – ddim yn ffôl! Chwarae teg i'r hen XR2, meddyliodd Ifan wrth ganu'r gloch yn frwd.

'Ifan! Beth yn y byd . . .? On i'n meddwl dy fod ti yn Aber!' Ni ddywedodd yntau air, dim ond gwenu ei ryddhad o'i gweld, ei gwasgu'n dynn i'w fynwes a phlannu clamp o gusan awchus ar ei gwefusau parod.

'Dere miwn . . . on i ddim yn disgwl . . .'

Plannodd Ifan ei hun yn y gadair freichiau wrth y ffenest gan wylio'r traffig yn nadreddu heibio.

'Diod?' Doedd dim angen i Mari ofyn eilwaith.

Synhwyrai hithau oddi wrth ei wedd welw fod ar Ifan angen rhywbeth amgenach na the neu goffi, ac anelodd tua gwaelod yr oergell am ysbrydoliaeth i ddechrau.

Daeth yn ôl o'i freuddwyd. Hy! Dal i geisio cydbwysedd rhwng ffaith a ffantasi yr oedd Ifan wrth iddo wthio'i lyfr bach du'n ddiogel i boced ei drowsus. Beth aeth o'i le y tro hwn? Arferai fod mor ofalus. Arferai fod yn gyfrifol. Yn gall. Ond roedd rhywbeth wedi digwydd, ac yntau yn ei wendid. Sgert fer, bŵts i'r ben-glin a chysur gormodol *Smirnoff Ice* neu ddau, hwyrach. Ond roedd yr iâ wedi hen ddadmer bellach, ac Ifan yn dal mewn penbleth. Tybed ai ceisio profi ei hun yr oedd, meddyliodd. Eisiau gwneud yn siŵr nad oedd dim yn bod, dangos ei hun yn ddyn o'r iawn ryw . . .? Pwysodd ei bensil yn sicr y tu ôl i'w glust.

'Dere boi! Dere, dere!' Roedd ei gyfarchiad yn ddigon cyfarwydd, ond doedd Shadrach ddim am ildio'i dir cyn hawsed. Rhoddodd un chwythiad chwareus tua'r concrid dan ei draed, cyn deall fod bwcedaid o'i hoff *Quickboost* ar ei ffordd. O sicrhau fod yr hen *Madison Regal Spitfire* yn fodlon a diogel, caeodd Ifan y iet, a'i throi hi tua Dôl Pwll Bach er mwyn dychwelyd Heulwen a Bet at weddill y gwartheg. Trodd Tomos, yntau, a'i bwrw hi am y tŷ a'i de deg defosiynol.

5

'Dere Tom bach, ne ei di fyth i'r nefodd!'

Roedd Beryl Huws yn dechrau aflonyddu. Er ei bod hi eisoes yn dywyll, roedd y lleuad uwchben yn taflu digon o oleuni tua'i garddwrn chwith iddi sylweddoli bod y sefyllfa'n gwaethygu'n gyflym. Wiw iddi fod yn hwyr yn unman. Tra y gallai hi sicrhau ei bod yn barod o leiaf hanner awr cyn pryd waeth pa le bynnag yr âi, yr oedd gan ei gŵr, Tomos Huws, y gallu i droi popeth yn ras. 'Mr Munud Ddiwethaf' fyddai'n ei alw'n aml! Fedrai hi mo'i ddeall. Pam yr oedd yn rhaid iddo herio popeth bob amser? Ac wedi treulio deng mlynedd ar hugain yn briod iddo, roedd wedi ildio i'r syniad na newidiai fyth. Ai dyma'r modd yr ymgorfforai olion rebel ei ieuenctid bellach? Wedi'r cyfan, roedd wedi hen basio'r oed 'drygionus' hwnnw pan welai gyfle i chwarae tric, waeth ym mha gwmni yr oedd. Cuddio allweddi, llenwi esgidiau â llafur, cuddio wyau clwc dan seddau ceir a gwthio tatws i bibellau mwg gyrwyr diniwed – dyna oedd yn rhoi modd i fyw i Tom a'i frawd, Dewi, yn eu llencyndod. A'r pwysicaf y targed, y gorau. Parri'r Gweinidog, druan! Fu ei Hillman Imp fyth yr un peth wedi i fechgyn y Gelli gael gafael arno. Rhaid bod yr wyau hynny wedi bod yn gorwedd ar ben y sièd wair ers misoedd! A phawb yn methu deall pam yr oedd yr hen Barri mor daer i adael drysau ei gar ar agor led y pen, ym mhob tywydd, bob tro y parciai yn rhywle.

Bu Beryl yn eistedd yn yr Audi ar glos y Gelli ers chwarter awr. Roedd hi bellach yn chwarter i saith, a'r Oedfa Ddiolchgarwch yng Nghapel Bethania i ddechrau ar yr awr! Byddai Magi Huws, mam Tom, wedi hen flino disgwyl amdanynt. Gobeithiai Beryl yn fawr na fyddai ei mam-yng-nghyfraith wedi dechrau cerdded i'r Capel ar ei phen ei hun yn y tywyllwch, yn enwedig gan ei bod hi mor simsan ar ei thraed ers cael clun newydd. Yn ffodus, nid tro Beryl oedd hi wrth yr organ y mis hwn, neu fe fuasai wedi ei throi hi ers meityn i lawr am y pentref – Tomos Huws neu beidio.

Nid yn aml yr âi'r ddau gyda'i gilydd i unrhyw oedfa. Capelwr digon anselog oedd Tom, er y gwnâi 'ymdrech' bob blwyddyn i fynychu'r Oedfa Ddiolchgarwch. Rhywbeth i wneud â'i gydwybod, hwyrach, meddyliodd Beryl wrthi ei hun. Gwir ei bod hi wedi bod yn gyfnod digon anodd ar bawb yn ddiweddar, ond roedd yr angen i ddiolch, hyd yn oed petai ond am lwyddo i ddod allan yr ochr draw yn un darn, yn bwysig i Tom a Beryl fel ei gilydd, yn enwedig â'r briodas ar y gorwel hefyd. Roedd y ddau yn ddigon call i sylweddoli nad oedd eu trafferthion i gyd y tu ôl iddynt eto, ond roedd yr adeg hon o'r flwyddyn fel petai'n gyfle i roi pen ar y mwdwl, i ystyried y flwyddyn a aeth heibio, i gymryd ysbaid oddi wrth brysurdeb y silwair, y cynhaeaf, y sioeau, a holl fwrlwm misoedd yr haf, a chymryd ail wynt cyn ailgydio yn yr awenau eto yn y gwanwyn. Wrth gwrs, roedd yna anifeiliaid yn dal i'w tendio, eu bwydo a charthu oddi tanynt ond, rywsut, dros fisoedd y gaeaf, roedd bywyd yn fwy hamddenol, er yn dywyllach, oerach a gwlypach!

Ond ni theimlai Beryl yn hamddenol na diolchgar iawn yn ei thywyllwch y funud honno. Gwasgodd gorn y car yn chwyrn a'i ddal felly nes gweld rhyw gyffro yn nrws y ffrynt.

'O'r diwedd!' ebychodd dan ei hanadl.

'Tom, siapa'i 'nei di!'

'Sori, Beryl fach! . . . Ffaelu ffeindio 'nhei.'

'Sdim rhyfedd 'da fi wir! . . . Pryd wisgest ti'r dei 'na ddiwetha? . . . O'r arswyd! Beth yw'r annibendod 'na ar dy wyneb di?'

'Llafne newydd . . . a finne ar damed bach o hast!'

'Tynn y darne papur gwaedlyd 'na bant wir, ne bydd pawb yn y Capel yn meddwl 'mod i wedi hanner dy ladd di ar y ffordd 'ma . . . A chred ti fi, fel dw i'n teimlo ar y funud, galle hynny fod yn wir 'fyd!'

Ymbalfalodd Tomos ym mhoced trowsus ei siwt i chwilio am ei hances.

'Cer draw wir, fe yrra i, er mwyn i ti gael cyfle i ga'l trefen arnat ti dy hunan!'

Roedd cordiau'r *Intrada* yn bygwth fwyfwy yng Nghapel Bethania, a throed Beryl Huws yn drymach ar sbardun yr Audi nag y bu ers tro. Gwyddai Tomos mai gwell fyddai cadw'n dawel ar adeg felly, rhag ofn na welai mo'r Oedfa Ddiolchgarwch o gwbl!

Gellid yn hawdd fod wedi credu fod eliffant o'r Affrig wedi bolltio ar draws yr heol fawr o flaen Capel Bethania o weld y modd yr hyrddiwyd yr Audi i stop o flaen y Capel. Buasai unrhyw Schumacher wedi bod yn falch o'r fath *emergency stop.* Rhaid mai modfeddi'n unig oedd rhwng pen blaen y car a'r tarmac wrth i'w drwyn ddeifio am i lawr yn sgil byrbwylledd y gwasgiad ar y brêcs. Cyn i'r injan ddiffodd yn iawn, roedd Beryl wedi llarpio'i llyfr emynau hen-nodiant ac yn ei bolltio hi tua chlydwch cyntedd Bethania. Rhoddodd un gip o'i hôl i sicrhau fod Tomos yn ei dilyn yn ufudd, cyn ymdawelu, tynnu un anadliad dwfn, ac agor y drysau deri, tywyll i grombil y capel.

* * *

Roedd hi'n hanner ffordd drwy'r emyn cyntaf cyn i Tomos Huws ddechrau cael ei wynt ato'n iawn. O leiaf, dyna pryd y llwyddodd i ganfod y ddalen gywir yn ei lyfr emynau. Buasai ei sbectol wedi bod o help iddo, ond ni fedrai ildio i gyfaddef unrhyw ffaeleddau'n gyhoeddus; dyna pam yr oedd yn well ganddo'i gadael ar sil ffenest y gegin, a gwylio'r rhifau a'r geiriau'n rhithio'n niwl o flaen ei lygaid. Beth bynnag, ni thybiai fod lle ganddo yn un o'i bocedi i gas sbectol, waeth pa mor hanfodol. Ar dartenni mwyar Beryl yr oedd y bai am sicrhau fod ei gorff canolig, pum troedfedd deg modfedd, bellach yn llenwi ei siwt i'w hymylon. Petasai hi ond yn gwybod y drafferth a gafodd i gau botwm ei drowsus cyn dod! Arni hi, hefyd, y rhoddai'r bai am y llosg cylla annioddefol y bu'n ei ddioddef yn ddiweddar. Petai ganddo siâr neu ddwy yng nghwmni Rennies fe fyddai ganddo fwy o destun diolch heno, cellweiriodd!

Dechreuodd meddwl Tomos grwydro wrth i alaw gyfarwydd 'St Clement' doddi i'r cefndir. Roedd yn gas ganddo ruthro, ac roedd diwrnodau heb ryw fath o ruthr yn mynd yn brinnach a phrinnach, hyd y gallai weld. Ras fach oedd hi heno, bid siŵr, ond roedd dal i fyny â holl waith y fferm, y gwaith papur a'r datblygiadau cyson ym myd amaeth yn sugno'r nerth o fêr ei esgyrn. Nid oedd am weld yr un cae arall o indrawn tra byddai! Roedd wedi dweud a dweud nad oedd tirwedd a hinsawdd y Gelli yn addas ar gyfer tyfu'r fath gnwd, ond llais un yn y diffeithwch oedd ei lais ef!

'A mewn diffeithwch fyddwn ni 'fyd os na symudwn ni gyda'r oes, Dad,' oedd clochdar cyson ei gyw mab.

Ildio fu raid yn y diwedd, wrth gwrs. Ond roedd Tomos wedi mynd i ddiflasu ar yr holl fân frwydrau rhyngddo ef ac Ifan ynghylch y pethau lleiaf. Bron na allent gytuno i ba gae i droi'r gwartheg ambell ddiwrnod, heb sôn am ba gwmni ddylai gael yr anrhydedd o brynu eu llaeth! Ac am y cyfrifiadur! Mynych oedd y troeon hynny y teimlai Tomos fel taflu'r bwystfil electronig a oedd i 'weddnewid' ei fywyd allan drwy ffenestr y parlwr! Byddai Ifan ar goll hebddo, meddai fe. 'Ond digon hawdd colli'r ffordd *heb* gymorth monitor a CD-Rom,' gwawdiodd Tomos. Roedd wedi dysgu dros y blynyddoedd mai gwell canolbwyntio ar y byd bach oedd ganddo yn hytrach na lledu gorwelion yn ormodol. Drwy hynny, gallai fod yn fodlon, o leiaf, er nad yn gwbl hapus.

Mor wahanol oedd hi i Ifan, meddyliodd. Roedd e'n ifanc ac yn heini, yn llawn brwdfrydedd ac yn edrych ymlaen at wynebu unrhyw sialens newydd. Wrth gwrs, rhaid oedd cyfaddef bod yna rinweddau yn *rhai* o'i ddadleuon ynglŷn â dyfodol y fferm, nid yn llai felly na chyda Shadrach. Ond dyfodol Ifan oedd hynny, nid ei ddyfodol ef, bellach. Hyder coleg, wfftiodd wrtho'i hun wrth eistedd yn ôl yn ei sedd wrth ymyl Beryl i wrando ar y darlleniad, a honno, yn ei thro, yn rhoi plwc go egr i odre'i chot *camel* cyn i Tomos eistedd ar ei phen a'i phletio.

Rhaid mai felly yr oedd yntau, unwaith. 'Fel trên wedi dod bant o'r cledre,' oedd disgrifiad ei dad ohono rywdro, er na fedrai Tomos ddeall pam ar y pryd. Oherwydd os mai un felly oedd Tomos, roedd Dewi, ei frawd iau, saith gwaeth. Amheuai Tomos yn fawr a fu gan hwnnw gledrau o gwbl i'w gadw ar y llwybr cul! Dewi oedd yn gwneud y bwledi, a Tomos yn eu saethu, a'r saethwr yn aml a gâi ei ddal yn ei chanol hi'n rhywle, tra bod y brawd bach yn ddiogel ar ben rhyw goeden yn gwylio'r holl helynt. Mor aml y cawsai Tomos ei hun mewn trwbwl o'i herwydd, ac roedd ei gysgod yn dal i ddwyn helynt i'w ran – chwarter canrif a mwy'n ddiweddarach!

'Amen.' Daeth y porthi o'r sedd fawr i dorri ar draws ei feddyliau.

Syllodd o'i gwmpas yn araf ar yr wynebau cyfarwydd o'i gwmpas. Henry Llwynpur, Gwyneth y Foel, Marged Maesglas . . . Roedd amser wedi gadael ei ôl arnynt hwythau hefyd. Diau y gallai'r mwyafrif ohonynt gofio amdano'n llencyn direidus yn yr Ysgol Sul a thu hwnt. Tybed ai hel meddyliau am yr oes a fu a wnaent hwythau wrth eistedd felly yn eu crandrwydd ar eu seddau caled. Wedi'r cwbl, rhyw le ar gyfer myfyrio fu'r capel iddo ef dros y blynyddoedd, er mor anfynych ei ymweliadau.

Ond teimlai fod angen tipyn o arweiniad arno heno. Rhwng busnes y fferm . . . a'r briodas! Tynnodd anadl dwfn, araf. Doedd Beryl ddim yn debygol iawn o adael i honno basio heb dipyn o sbloet, yn enwedig priodas Lowri, druan. Gobeithiai'n fawr y byddent wedi gorffen y silwair erbyn hynny. Mehefin yr unfed ar hugain. Fe ddylai fod wythnos neu ddwy ganddynt i sbario petai'r tywydd yn cadw at ei ran e o'r fargen! Trodd Tomos ei olygon tuag at ei wraig. Roedd rhyw dawelwch serenaidd ar ei hwyneb wrth droi drachefn at ei llyfr emynau. Mor dda yr oedd yn ei hadnabod. Os bu alarch o wraig erioed, dyma hi, meddyliodd. Alarch oedd hi i'r carn. Hyd yn oed ped edrychai'n gall a hamddenol ar yr wyneb, roedd y cynyrfiadau o'i mewn yn sicr o fod yn rhai dwfn. Bu ers pum mlynedd ar hugain a mwy yn perffeithio'r grefft, ac roedd Tomos yn fawr ei edmygedd ohoni am lwyddo cystal, er nad oedd wedi mentro dweud hynny wrthi! Wedi'r cwbl, nid ei bai hi oedd dim o'r hyn a ddigwyddodd. Nid ei fai e, Tomos, ydoedd chwaith, petai'n dod i hynny. Ond roedd y ddau wedi cymryd ati i ysgwyddo'r baich a gwneud yn iawn am ffolineb ieuenctid, ac roedd cael rhannu eu bywydau â Lowri wedi bod yn werth y cyfan. Gwyddai fod yr amser wedi dod pan fyddai'n rhaid datgelu'r cyfan, ac roedd meddwl am hynny, ar yr eiliad arbennig honno, yn ddigon i beri i'w galon fethu curiad.

Daeth pwl o gryndod sydyn dros Tomos wrth weld llygaid tanllyd fygythiol Abel Williams yn syllu arno dros ei hanner sbectol. Trodd ei olygon yn ôl tua'r sedd fawr wrth i Beryl basio Mint Imperial iddo'n slei bach.

'Ymlaen mae Canaan sbo!' meddyliodd wrtho'i hun wrth slipio'r belen fach fintys wen i'w geg yn araf ofalus.

6

'Beth yn y byd?'

Syllai Ifan yn gegrwth drwy ffenest ei Lambourgini o ben Bryn Eithin.

'Un, dau . . . tri . . . pedwar, pump, chwech . . . saith! . . . Saith o byrcs ym mherllan Allt-ddu!'

Roedd wedi clywed am dylwyth teg yng ngwaelod yr ardd, ond roedd hyn y tu hwnt i bob amgyffred! Roedden nhw yno . . . saith oedolyn, yn wŷr a gwragedd, yn eu hoed a'u hamser, yn gwbl . . . noethlymun . . . ddiwedd mis Hydref . . . yn Llwynbedw!

Sipiodd ei got yn dynn i geisio cynhesu. Er oered blaenau ei fysedd, teimlai fel brenin yn eistedd yn ei gawr o dractor yn edrych i lawr ar y byd, er nad oedd erioed wedi dychmygu cael y fath olygfa! Wedi bore ar ei ben ei hun yn ffensio'r clawdd ffin cyn dyfodiad y defaid tac o berfeddion Sir Frycheiniog, teimlai ei fod yn haeddu ysbaid. Trodd y radio ymlaen yn gwmni wrth iddo geisio cynhesu ei fysedd rhynllyd o gwmpas godre'r fflasg o gawl a cheisio gwneud synnwyr o bethau. Rhyfedd bod ganddo fysedd ar ôl, mewn gwirionedd. Roedd bys bawd ei law chwith wedi cael amser caled yn ystod y bore! Roedd Ifan yn ffodus fod ganddo ddigon o amrywiaeth yn ei eirfa fel na fu raid iddo ddefnyddio'r un rheg fwy nag unwaith! Ond hwyrach y byddai'n rhaid iddo ymestyn ei eirfa yn awr!

Gwasgodd ei ddwylo'n dynnach o gwmpas godre ei fflasg.

'Yr arswyd . . .!'

Dechreuodd anesmwytho yn ei sedd wrth wylio'r criw cyntefig yn eistedd yn gylch o gwmpas y goelcerth ym mhen ucha'r berllan. Gallai glywed sŵn brigau a dail crin yn siffrwd yn ei glustiau nes peri iddo deimlo'n ddigon annifyr. Suddodd yn ddyfnach i'w sedd gyffyrddus gan syllu'n syn. Roedd yr hyn a welai'n debycach i olygfa o ganol y jwngwl ym Mheriw nag i ardal wledig yng Nghymru. Does bosibl mai dyma oedd gan ei fam yn ei meddwl pan wahoddodd Gwilym a'i rieni draw am swper yn y Gelli heno i drafod y briodas, chwarddodd wrtho'i hun.

Roedd newydd-ddyfodiaid yr Allt-ddu wedi bod yn destun trafod yn yr ardal ers iddynt gyrraedd ddechrau'r haf, er nad oedd Ifan ei hun wedi gweld llawer arnynt – nid tan nawr o leiaf, wfftiodd wrtho'i hun! Doedd neb yn gwybod fawr o'u hanes, heblaw mai 'pobol o bant' oedden nhw a'u bod nhw 'braidd yn od'. Ond, cyn belled â bod rhai o drigolion Llwynbedw yn y cwestiwn, roedd dod o rywle pellach nag Aberystwyth neu Abertawe yn ddigon i haeddu'r teitl 'pobol o bant', ac roedd unrhyw beth o yfed llaeth sgim i gadw geifr yn ddigon i sicrhau'r enw 'od'. Felly, os gwir y sôn mai rhai o Essex oedd perchnogion newydd Allt-ddu, a bod eu bryd ar ailgylchu a throi'n organig, doedd fawr o obaith i'w henw da yn yr ardal! Roedd sôn eu bod yn perthyn i ryw arglwydd o waelod Lloegr yn rhywle, a bod arian yn dod allan o'u clustiau. Ond 'y nhw' oedd yn dweud. Wedi'r cwbl, doedd eu gwedd a'r hen garafanét liwgar a yrrent o gwmpas y lle ddim yn adlewyrchu hynny o gwbl. Wrth gwrs, roedd Cerys wedi dod adref ag ambell stori ddigon amheus o'r ysgol – partïon mwg drwg, madarch hud, ac ati. Ond fedrai neb fod wedi dychmygu unrhyw beth tebyg i hyn! Byddai ganddo ddigon o hanesion difyr i adrodd o gylch y bwrdd bwyd heno, gwgu ei fam neu beidio, meddyliodd!

Suddodd yn ddyfnach eto i ddiogelwch moethus ei sedd yn y Lambourgini. Teimlai'n ddiogel, fel petai ar wahân i bawb a phopeth. O glydwch ei gocŵn gallai weld y cyfan . . . a mwy . . . o ben Bryn Eithin. Llety . . . Brynbedw . . . Coedlan . . . Henllys . . . Y Foel . . . a'r Allt-ddu wrth gwrs . . . yn glytwaith amlweddog o'i flaen. I'r fan hyn y deuai cyn gynted ag y gallai ar ôl dychwelyd o'r Coleg. Cyfnewid arogl y môr am lond ysgyfaint o arogl pridd, porfa, caeau a choed, er mwyn gwneud yn siŵr ei fod gartref. Os oedd bellach yn rhy hen i dderbyn swcr yng nghôl ei fam, gallai bob amser deimlo'n ddiogel ym mynwes Bryn Eithin.

Anaml iawn y byddai unrhyw newid mawr wedi digwydd yno o un genhedlaeth i'r llall. Yr un hen deuluoedd, bron, fu'n ffermio'r tir o gwmpas Llwynbedw ers cenedlaethau, ac roedd teulu'r Gelli wedi bod yn ffodus iawn o'u cymdogion dros y blynyddoedd, beth bynnag am ambell fuwch a dafad strae, meddyliodd Ifan wrtho'i hun. Ond am ba hyd, doedd ganddo ddim syniad, yn enwedig ar ôl heddiw!

Teimlodd rywbeth yn cynhyrfu ym mhoced ei drowsus. Cafodd ei ddeffro o'i fyfyrdod gan gri'r Nokia fach oedd yn atseinio'r Anthem Genedlaethol yn electronig i'w glyw. Pedaiar neges. Mari – *Delete.* Daf – Ymarfer Siarad Cyhoeddus, heno am wyth-*ish*! 'Damo!' Mari eto – *Delete.* Cerys. Neges oddi wrth ei fam. Peidio â bod yn hwyr. Godro'n gynnar. Swper am saith.

Deffrôdd o'i freuddwyd. Wedi tynnu un anadl dwfn, trodd y cwpan yn dynn am wddf y fflasg a throi'r ffôn i ffwrdd yn barhaol.

Na, doedd dim dianc, sbo, meddyliodd wrtho'i hun. Roedd mwg o'r Allt-ddu'n dal i gyhwfan yn ogleisiol uchel i'r awyr wrth iddo danio injan y tractor drachefn a'i throi hi yn ôl am glos y Gelli.

7

'Ble ma'r Oxo?'

Roedd amynedd Lowri'n dechrau pallu a'i meddwl yn corddi'n wyllt. Cas ganddi wneud grefi ar y gorau. Ofn lympiau. Ac roedd sŵn y llwy fetal yn crafu gwaelod y sosban yn dreth ar ei nerfau. Gwir nad oedd ond raid iddi sefyll yno o flaen yr Aga gynnes yn troi a throi ei llwy yng nghrombil y gymysgedd hylifog o'i blaen, ond roedd rhywbeth bob amser yn mynd o'i le. Y moron yn berwi'n sych oedd hi ddydd Sul diwethaf. A'r tro cyn hynny, dim grefi brownin! Ac roedd ei thad mor ffyslyd – rhaid bod y grefi o'r trwch iawn, heb ormod o ddŵr tato, ac wedi ei wneud o flawd plaen yn hytrach na blawd corn. Pam na wnâi ei refi ei hun, ni allai ddirnad!

Edrychodd ar y cloc uwchben y drws. Deng munud i saith. Roedd Beryl Huws wrthi'n brysur yn gosod y bwrdd, gan sicrhau fod pob cyllell, fforc a llwy yn ddisglair yn eu lle, ac nad oedd yr un brycheuyn amheus nac ôl bys ar yr un gwydryn grisial. Diflannu wnaeth Cerys cyn gynted ag y clywodd efallai y buasai ar ei mam angen ei help yn paratoi swper. Rhyw sôn am draethawd hanes, neu rywbeth cyfleus felly. O leiaf roedd y dynion yn cymryd y noson yn fwy o ddifri – neu roedd hi'n ymddangos felly wrth yr arogleuon Brut a Hugo Boss oedd yn ymdreiddio o'r llofft.

'Ond rhai da am guddio pechode fu'r ddou hynny eriôd!' cellweiriodd.

'A pham lai hefyd,' meddyliodd Lowri, wrth wylio'r swigod poeth yn dechrau gwthio'u hunain tua wyneb y grefi. Wedi'r cwbl, roedd heno'n noson bwysig. Digon gwir fod Alun ac Elsie Roberts, rhieni Gwilym, wedi bod yn y Gelli o'r blaen am wahanol resymau, ond nid ar berwyl fel hyn. Bu Beryl Huws drwy'r dydd yn rhybuddio'i gŵr i beidio â dechrau mynd i ymgolli mewn trafodaethau ynglŷn â bwydydd gwartheg a gwrtaith drwy'r nos. Roedd

Cerys hithau wedi bygwth anelu'r Pavlova Fafon am ei ben petai'n clywed yr un gair am Ivomec. Gwyddai pawb yn iawn y gallai Alun Roberts siarad gwrtaith dros Gymru unrhyw bryd, felly gwell cadw oddi ar y pynciau hynny neu fe fyddent wrthi hyd drannoeth. Byddai gan y ddau ddigon o amser i drafod y materion hynny wedi'r diwrnod mawr.

Ofn a chynnwrf. Dyna sut y teimlai Lowri wrth dwtio'i gwallt yn nrych y gegin gefn. Wrth gwrs, roedd yn edrych ymlaen at fod yn wraig i Gwilym. Nid oedd wedi teimlo cyn agosed at neb erioed. Roedd hi wir yn ei garu. Y cariad dwfn, di-baid hwnnw a fyddai yn ei mygu pe na bai wedi ildio iddo. Y cariad onest hwnnw a allai ddatgelu'r cyfan, er cymaint y boen, a bod yn gryfach o'r herwydd.

A gwir y gair. Roedd Lowri wedi gorfod bod yn gryf yn ystod y misoedd diwethaf, er ei mwyn hi ei hunan, er mwyn Gwilym, ac yn fwy na dim, er mwyn ei rhieni. Torcalon iddi fyddai eu brifo hwy, o bawb, er cymaint yr oeddent hwy wedi ei brifo hi – er na wyddent hynny eto. Roedd y cyfan fel breuddwyd – rhywbeth a ddigwyddai i bobl eraill, ar y ffilmiau, neu o fewn cloriau nofel, mewn tref neu ddinas fawr lle nad oedd neb yn gwybod hanes ei gilydd, nid iddi hi, nid i deulu'r Gelli! Ond sut na wyddai hi? Pam nad oedd neb wedi dweud wrthi? Rhyfedd na fyddai wedi sylwi ar rywbeth ynghynt. Wedi'r cwbl, un dda am wneud jigsô fu hi ers yn blentyn, ond ni fu erioed raid iddi daclo jigsô tebyg i hwn. Oni bai fod y sefyllfa mor afreal efallai y byddai wedi ei wfftio ac anghofio amdano. Roedd wedi llwyddo i anghofio'n llwyr am y peth unwaith neu ddwy; ben bore, er enghraifft, wrth ddeffro o'i thrwmgwsg a throi ar ei hochr wrth ymystwyrian i gyfarch y wawr. Ar adegau felly byddai'r cyfan yn angof am ennyd. Ond wrth iddi raddol ddod ati ei hun ac i'w synhwyrau gyrraedd eu llawn dwf, byddai'n cofio, a byddai realiti'r sefyllfa'n ei tharo, ac ni fyddai dianc rhagddo. O leiaf drwy fynd i'r gwaith bob dydd câi gyfle i ymgodymu â'u gwewyr y tu hwnt i sylw gofalus Tom a Beryl Huws a'r gweddill.

Tri mis ac wyth diwrnod. Dyna ers faint y bu'n ymgodymu â'r gwirionedd. Tri mis ac wyth diwrnod a hanner, bellach. Gwilym ddywedodd wrthi. Ei rieni a ddywedodd wrtho yntau. Hwythau wedi byw yn y pentref erioed. Roedd yn ffaith a berthynai i is-ymwybod hanesyddol holl drigolion Llwynbedw, mae'n rhaid, er na soniai neb amdani'n gyhoeddus. Cneuen a gasglwyd i'r storfa wybodaeth yng nghrombil coeden glecs y fro. Rhyfedd bod cymaint o bobl yn gwybod mwy amdani hi, Lowri Huws, Y Gelli, nag a wyddai hi ei hun. Ond, petai Gwylim heb ddweud, efallai y buasai ei rhieni wedi medru. 'Chawson nhw mo'r cyfle,' mentrai'r llais bychan o'i mewn. 'Ond fe gawson nhw bum mlynedd ar hugain!' oedd ei phrotest hithau. Ie, pum mlynedd ar hugain i ddewis y geiriau iawn a'r adeg iawn i ddweud! A beth? Dim gair. Dim un sill, nac awgrym fod unrhyw beth o'i le. A sut fuasen nhw wedi medru dweud beth bynnag? Roedd Lowri wedi holi ei hun droeon. Taflu'r peth i ganol sgwrs wrth y bwrdd cinio Sul? Wrth siopa yn Tesco? Wrth lwytho bêls i ben y trelyr gwair?

'O ie, Lowri, on ni wedi anghofio gweud wrthot ti! . . . Ti'n gwbod nad dy fam a finne yw dy rieni iawn di, on'd wyt ti?'

Tagu, llewygu, chwerthin, poeri tân a brwmstan! Sut fyddai hi wedi ymateb? Anghrediniaeth siŵr iawn. O leiaf, dyna sut yr oedd gyda Gwilym. Cofiai ei daro ar draws ei wyneb, hefyd, am fentro crybwyll y fath beth. Wel pam lai? Roedd mewn sioc. Ond buan y sylweddolodd oddi wrth yr olwg boenus ar ei wyneb, nad cellwair yr oedd. Dylai fod wedi ymfalchïo yn ei ddewrder. Gallai gwybodaeth o'r fath fod yn ddinistriol yn y dwylo anghywir. Nid oedd ef i wybod sut y byddai hi'n ymateb. Gallai fod wedi gwrthod dychwelyd i'r Gelli . . . dianc . . . ymhell bell i ffwrdd . . . lle nad oedd yr un enaid byw yn ei hadnabod.

Adnabod. Taflodd gip arall yn y drych. Roedd ei chalon ar ras, fel petai ar drên sgrech yn y ffair ac yn methu dod oddi arno. Cadwai i fynd a mynd wrth iddi hithau sgrechian a sgrechian . . . a neb yn ei chlywed. Na. Prin nad oedd yn ei hadnabod ei hun. Nid y toriad newydd ar ei gwallt yn unig oedd yn gyfrifol am ei dieithrwch. Pwy oedd hon a welai o'i blaen? Wedi tri mis a mwy o chwilio am atebion, tri mis a mwy o frwydro yn erbyn ei chydwybod a dysgu byw gyda hi ei hun o'r newydd, roedd hi heno'n teimlo'n hyderus. Teimlai fel petai wedi ei haileni – yn ddoethach, yn aeddfetach, ac yn fwy brwd ei chariad tuag at ei theulu nag y teimlodd erioed o'r blaen. Gallai edrych yn syth i'r gwydr o'i blaen, gan gyfaddef yn ddigywilydd wrthi ei hun:

'Lowri Huws, merch Ann Morgan, Y Post, a Dewi Huws, Y Gelli.'

Ann druan, a fu farw mewn damwain car, pan oedd Lowri hithau ond yn ddeufis oed, a Dewi, ei *hewyrth*, gyrrwr y car, a ffodd i berferddion Iwerddon neu rywle, mewn cywilydd o fod wedi achosi'r fath drybini, a'i gadael hi, Lowri, yn amddifad ym mreichiau ei frawd Tom a'i wraig ifanc newydd, Beryl. Pa ryfedd nad oeddent wedi medru dweud dim wrthi. Na neb arall o'r teulu, chwaith, petai'n dod i hynny. Ifan a Cerys. Oedden nhw'n gwybod, tybed? Sut allen nhw wybod? Roedd digon yn gwybod. Roedd Alun ac Elsie Roberts yn gwybod. Gwilym yn gwybod. Fe ddaeth hi i wybod, er y buasai'n well ganddi beidio. Felly beth oedd i'w rhwystro nhw rhag gwybod hefyd? Pa ryfedd fod Beryl mor frwd ynglŷn â threfnu pasbort a thystysgrifau'r briodas drosti. Pa ddiben mentro dryllio'r cyfan oherwydd rhywbeth a ddigwyddodd dros bum mlynedd ar hugain yn ôl? Doedd dim diben codi hen grach. Wedi'r cwbl, roedd pethau fel hyn yn digwydd. Rhaid bod ar bob aelwyd yn Llwynbedw, a thu hwnt, ryw gwpwrdd yn rhyw gornel ac ynddo sgerbwd o ryw fath, tybiodd. Roedd hi'n barod i faddau, a gwaredu'r cyfan o gilfachau'r cof. Ac os gallai hi wneud hynny, gallai pawb wneud yr un peth. Cyn belled â bod pawb arall yn y cwestiwn, roedd popeth yn iawn . . . yn normal . . . felly doedd dim problem . . . dim problem o gwbl.

Gallai Lowri glywed sŵn cerbyd yn araf ddirwyn i lawr y lôn, a'i olau'n dawnsio ar y dafnau glaw a lynai mor ddisglair ar wydr ffenestr y gegin.

'Low, ma nhw 'ma!' mentrodd ei thad wrth ruthro heibio'n dal i drio sicrhau fod pob modfedd o waelod ei grys wedi ei stwffio'n daclus i'w drowsus.

'Lowri? Beth am y grefi?'

Sychodd Lowri'r lleithder a fu'n chwarae mig â'i llygaid drwy'r nos.

'Iawn, Mam . . . Dad . . . barod!'

8

'Mae bywyd cefn gwlad yn ddiflas. Rhaid gweithredu cyn marw. Trafodwch.'

'O'r mowredd! Pwy ddewisodd y testun 'ma!' Roedd gên Ifan bron â chyrraedd y llawr cyn dechrau ar y drafodaeth.

'Wel, fechgyn! Chi'n gwbod mai 'ma'r math o gwestiwn y ma nhw'n hoffi 'i ofyn!' Doedd Gwyneth Byns ddim am ildio.

'Ond, ŷn ni wedi bod yn trafod yr un hen beth ers blynydde!'

'Dafydd. Dyw hynny ddim wedi newid dim ar y sefyllfa yn nad yw e?'

'Ond allwn ni ddim dechre hebddo fe, Morys Bach, 'ta beth!'

Unwaith y buasai Gwyneth yn dechrau syllu dros ei sbectol a'i chyrliau brith yn dechrau adlamu i fyny ac i lawr o gylch ei thalcen rhychiog, doedd fawr o ddiben dadlau mwy.

'Allwn ni ddim trafod rhywbeth mwy modern 'te?' Roedd Marc wedi deffro.

'Fel beth?'

'Wel . . . fel . . .'

'Fel, pa enwogion fydde'n neud bwganod brain da?! . . .'

'Dafydd!'

'Ie! Grêt!' Roedd y wên ddireidus ar wyneb Sbarcs yn awgrymu fod ganddo fe rywbeth amgenach na bwganod brain ar ei feddwl.

'Neu . . . neu . . . trafod: Y cyngor gore i unrhyw ffermwr ifanc os am gadw'n iach a chall yw – cadw'n ddigon pell 'wrth unrhyw beth â thethi!!' Mentrodd Ifan yn fyfyriol.

'Nawr ni'n siarad!' Roedd hyd yn oed Marc Sbarcs yn dechrau awchu am gael mynegi barn ar y pwnc hwnnw. Wincio'n awgrymog y naill ar y llall a wnâi'r gweddill.

'Fechgyn, fechgyn! Gadewch i ni ga'l rhywfaint o drefen neu fe fyddwn ni 'ma drw'r nos!'

Buan y sobrodd pawb o sylweddoli mai Gwyneth

Byns oedd y ferch ddiwethaf ar wyneb y ddaear y buasent yn dymuno treulio'r nos gyda hi! Roedd hyd yn oed sôn am Gwyneth a thethi o fewn yr un frawddeg yn ddigon i beri i Dafydd anesmwytho. Hawdd gweld nad i godi awydd ar unrhyw ddyn y rhoddwyd hi ar wyneb y ddaear; roedd ei lle ar y silff yn sicr, a hynny reit yn y cefn, mewn cornel guddiedig.

Ond am siarad cyhoeddus a chyfarwyddo drama, doedd neb tebyg iddi! Roedd ganddi glust am air a llygad am y manylyn lleiaf. Ac am hynny, roedd y bechgyn yn ddiolchgar, oherwydd hebddi, ni fuasent wedi cael hanner cymaint o lwyddiant ar lefel Sirol na thripiau i'r Genedlaethol na chystadlaethau Siarad Cyhoeddus yma a thraw dros y blynyddoedd. Y siawns am benwythnos i ffwrdd oedd un o'u hunig gymhellion dros fynychu'r ymarferion. Hawdd fyddai i'r tri ohonynt feddwl am rywle mwy dymunol i dreulio noson o aeaf nag yn festri Bethania gyda Gwyneth, ond roedd y wobr y tro hwn, os enillent ar lefel Sir, wrth gwrs, yn werth chweil, gan fod Cystadleuaeth Siarad Cyhoeddus Cymru yn cael ei chynnal yn Llangefni! Dyna a barodd i Ifan godi oddi wrth fwrdd swper y Gelli heb ei bwdin. Nid yn aml y gallai wrthod unrhyw un o greadigaethau hufennog felys ei fam. Ond roedd yr hanner addewid am ddihangfa am benwythnos, a'r holl sôn am ffrogiau sidan, blodau a chonffeti, wedi mwy na difetha ei archwaeth am fwyd.

Roedd Sbarcs, yntau, yn llawn brwdfrydedd; roedd unrhyw sôn am Sir Fôn, a chroesi'r bont, yn sicr o'i gynhyrfu'n lân, a gellid gweld ei feddwl yn llenwi gyda chynlluniau am branciau direidus a thriciau, beth bynnag am unrhyw gystadleuaeth!

'A ble ma Gwyn Morys?' Llais Gwyneth yn corddi o'r cornel.

'Mae e siŵr o fod ar 'i ffordd . . .'

'Ie, ond y ffordd i ble 'na gwestiwn arall!'

'Heb orffen rhoi *manicure* i un o'r defed ne rywbeth, gewch chi weld!' ychwanegodd Dafydd yn ddiamynedd.

Bu bron i Marc fynd yn rhy bell y tro diwethaf, serch hynny, cofiodd Ifan â gwên. Fe a'i 'fangyrs'! Wyddai neb nes iddynt gyrraedd Aberaeron beth oedd yn gyfrifol am yr olwg chwareus yn ei lygaid. Roedd pawb ar y bŷs yn *grisps* a chyffro i gyd yn llawn disgwylgarwch am y gystadleuaeth ddrama oedd yn eu hwynebu yn Aberystwyth. Ond roedd gan Marc ei ddrama ei hun ar ei feddwl. Cyn gynted ag y gwelodd yr hen ffermwr bach hwnnw ar gefn ei dractor yn ymlusgo i fyny'r rhiw, dyma fe ar ei draed fel milgi allan o drap, ac at y ffenest. Wrth i Ken bysys, y gyrrwr, gael hyd i'w gêr iselaf er mwyn goddiweddyd y Massey goch, dyma ergyd fel taran o'r ffordd y tu allan, a'r ffermwr druan yn dal yn dynn yn ei olwyn lywio yn ei ddychryn rhag colli rheolaeth ar ei dractor a disgyn dros y dibyn! Rhaid ei fod yn dychmygu pob math o bethau – ergyd o wn, problem â'r injan, diwedd y byd! Sut oedd ef i wybod mai Sbarcs a'i fangyrs-dychryn-brain oedd yn gyfrifol am beri'r fath fraw iddo!

'Falle mai wedi anghofio troi'r awr y ma fe, Gwyneth!' ceisiodd Dafydd *helpu* rywfaint.

'Hy! Ma mwy na awr ar goll 'da Morys Bach, cred ti fi!' ychwanegodd Ifan.

Ar amrantiad, dyma sŵn stryffaglu yn dod o gyntedd y festri. Agorodd y drws yn araf a gwelwyd trwyn bach brycheulyd yn ymwthio i mewn i'r ystafell yn raddol o'r tu ôl iddo.

'Morys!'

'O'r diwedd!'

'Ble wyt ti 'di bod 'chan?'

'O! Sori 'mod i'n hwyr . . . odd un o'r defed . . .'

'Nawr gawn ni ddechre?'

9

'Cachgi wyt ti, Ifan Huws!'

'Cadw dy lais lawr! Sdim isie i bawb wbod 'yn busnes ni!'

Roedd y tân yn llygaid Mari yn ddigon i beri i Ifan wrido drosto.

'Yn gwmws! Cachgi!'

Roedd Ifan wedi llwyddo i dywys Mari allan i'r swyddfa oedd yn rhan o'r hen feudy bach. Eistedd yn gysyrus o flaen y tân yn y lolfa ynghanol yr Huwsiaid a'r Robertsiaid a'u trefniadau priodasol yr oedd hi pan ddychwelodd Ifan o'r ymarfer. Diolchodd i Dduw nad oedd wedi mynd gyda Dafydd a Sbarcs am beint i Dafarn y Cwm wedyn, neu fe allai'r gath fod allan o'r cwd. Roedd wedi rhewi fel delw pan welodd MG coch Mari wedi ei barcio reit ym mhen-ôl yr Audi. Ers pryd roedd hi yno? Beth oedd hi wedi ei ddweud? Pam heno? Doedd bosib!

'Beth sy? Cywilydd? O's 'da ti gywilydd ohona i?'

'Mari . . . eiste . . . ga i egluro . . .'

Roedd meddwl Ifan yn rhuthro i fyny ac i lawr drwy'r gêrs i geisio canfod y geiriau cywir i ddygymod â'r sefyllfa a'i hwynebai y funud honno!

'Egluro, myn diawl! . . . Ti 'di ca'l mis a mwy i ddechre egluro . . . a dim byd!'

Gwyddai Ifan ei bod hi wedi ceisio cael gafael arno droeon yn ystod yr wythnosau diwethaf, a'i fod yntau wedi ceisio ei hosgoi. Dim ond nes iddo fedru rhoi trefn ar ei feddwl, a bod yn siŵr. Nid ef oedd yr unig un yr oedd Mari wedi bod yn ei weld yn ddiweddar. Roedd hi wedi cyfaddef hynny ei hun. Felly, sut allai hi fod yn siŵr mai ef oedd tad y plentyn yr oedd hi'n ei gario?

'Ma'r peth yn gwbwl syml, ti'n gwbod! 'Nest ti 'nefnyddio i! Ot ti'n gwbod yn iawn beth ot ti'n neud . . .'

Roedd hi'n amlwg mai corddi a chorddi hyd at fudlosgi fu hanes Mari wrth ddisgwyl amdano yn lolfa'r Gelli. Pa ryfedd ei bod mor barod i ollwng stêm ac anelu ei holl atgasedd tuag ato? Gobeithiai nad oedd un o ffenestri'r tŷ ar agor i glywed hyn neu fe fyddai'n stop ar gyffro'r briodas, meddyliodd Ifan wrth sicrhau fod drws yr ystafell ar gau'n dynn.

'Ond, 'nes i eriod feddwl . . .'

'Na! 'Na'r trwbwl! 'Nest ti ddim meddwl. A beth ot ti'n feddwl drw beido ateb y ffôn 'fyd?'

'Isie amser . . .'

'Amser? Amser? 'Na rywbeth sy ddim 'da ni! Dyw saith mis ddim yn gyfnod mor hir ag wyt ti'n 'i feddwl!'

'Jyst trio ca'l pethe'n glir yn 'yn feddwl!'

'Clir! Ma'r cwbwl mor glir â mwd, gwd boi!'

'Mari! Rho gyfle i fi wir!'

'Ie. 'Na'r camgymeriad cynta 'nes i. Rhoi cyfle i ti!'

'Eistedd . . . funud?'

Llanwodd Mari ei ffroenau'n araf ag aer sych y swyddfa, cyn ei ollwng yn raddol drwy ei cheg. Synnai Ifan fod cymaint o ddicter yn cael ei fynegi gan un a chanddi wyneb mor siriol, fel arfer. Roedd Mari ac yntau wedi bod yn agos ers tro, yn fwy o ffrindiau na chariadon, er mai tenau iawn oedd y ffin ar adegau. Roedd hi'n gyfleus, yn rhywun y gallai'n hawdd ddisgyn i'w breichiau pe na bai wedi cael cynnig gwell o rywle arall. Roedd Mari'n edrych arno yntau yn yr un ffordd. Ond roedden nhw'n iau bryd hynny. Yn rhy ifanc i ymrwymo i unrhyw berthynas hir-dymor. A dyna'r Coleg. A beth bynnag, roedd cwmni Dafydd a Marc Sbarcs yn ei ddenu, a'i sylw yntau'n cael ei dynnu i fannau na ddylai, weithiau, hefyd.

Methai ddeall pam nad oedd Mari wedi llwyddo i ganfod y cymar perffaith, os oedd y fath beth yn bod. Wedi'r cwbl, roedd hi'n hardd – nid yn ystrydebol hardd fel rhyw Glaudia Schiffer neu Elle McPherson – ond yn gysurus hardd. Ei gwallt tonnog, tywyll wedi ei dorri'n dwt o gwmpas ei hwyneb gan bwysleisio glesni ei llygaid, a'i haeliau hudolus, hir na allent beidio â denu llygad dyn. Hwyrach mai meddwl amdani ormod fel un o'r criw a ddallodd Ifan i'w gwir harddwch. Ond roedd hi'n llwyddiannus hefyd. Roedd hi'n amlwg fod bywyd Caerdydd yn gweddu iddi, o leiaf tan nawr.

'Beth am ddiod bach . . . Ma potel 'da Dad fan hyn yn rhywle . . .' cynigiodd Ifan wrth dwrio yn nrôr isaf y ddesg.

'Dim diolch!'

'Coffi neu de?'

'Anghofia'r te . . . buase'n well 'da fi'r cysur!'

Eisteddodd Ifan ar y ddesg o'i blaen. Estynnodd am ei llaw, ond buan y trodd Mari yn ei chadair i'w osgoi.

'Sori.'

'Am beth?'

'Am bopeth!'

'On i'n dy drysto di, ti'n gwbod . . .'

'Sori.'

'On i'n meddwl bo ni'n deall ein gilydd . . . yn ffrindie . . .'

'Fe ddown ni drwyddi 'to, ti'n gwbod . . .'

‘Shwt alla i wbod a tithe’n pallu siarad â fi?’

Ymbalfalodd Mari’n ffwndrus am hances yn llawes ei siwmper.

‘Wyt ti wedi sôn wrth rywun am hyn?’

‘O! Os mai ’na’r unig beth sy’n dy fecso di!’

‘Wrth gwrs nage fe!’

‘Na . . . neb . . . ddim ’to.’

‘Beth wyt ti’n feddwl?’

Dechreuodd Ifan anesmwytho.

‘Wel, fe fydd yn rhaid i ni weud wrth rywun cyn allwn ni sorto’r holl fusnes ’ma mas!’

‘Dweud wrth bwy?’

‘Wel, wrth bwy wyt ti’n feddwl! Fel un sy’n gorfod delio â chenhedlu a geni bob dydd yn ’i waith, wyt ti’n eithriadol o naïf ar adege, Ifan!’

‘Sori!’

‘A phaid bod mor blydi sori drw’r amser! Mae’n rhy hwyr i hynny nawr!’

‘Braidd yn anodd ma hi arna i ar hyn o bryd . . . Ma Dafydd, Sbarcs a finne wedi bod yn sôn rhywbeth am fynd dramor am rai misodd . . . ac ma isie trefnu un briodas ’ma’n barod . . . sa i’n credu allen ni ddod i ben â dwy yr un flwyddyn!’

‘Priodi . . . !! Pwy ddwedodd unrhyw beth am briodi?’

‘Wel, on i’n meddwl mai dyna . . .’

‘’Na ti ’to – meddwl gormod! Gwranda di nawr, Ifan Huws! Y peth diwetha dw i isie yw priodi. Pa sail fydde hyn i briodas, gwed y gwir!’

'Wel, ma'n rhaid i ni ddechre'n rhwle.'

'Nag o's!'

'Beth wyt ti'n feddwl, "Nag o's"?'

'Fe gest ti dy gyfle! Fues i'n disgwl am fis i ti siarad â fi . . . mis o gorddi yn yr un badell!'

Teimlai Ifan yn anniddig. Teimlai'n llwfr ac yn wan. Efallai fod Mari'n iawn. Efallai mai cachgi ydoedd yn y bôn, petai ond yn cyfaddef hynny.

'Ta beth . . . dw i wedi neud 'y mhenderfyniad! A 'mhenderfyniad i yw e, a neb arall!'

'Beth?'

'Dw i am ga'l 'i wared e.'

Mudandod.

'Dim babi . . . dim problem! . . . Syml! . . . O leia, wedyn, fe gei di dy drip dramor!'

'Ond alli di ddim . . .'

'Fe alla i neud beth ddiawl fynna i!'

'Ond Mari . . . allwn ni ddim trafod?'

'Trafod beth?'

Gwthiodd Mari ei hances yn benderfynol yn ôl i'w llawes. Gafaelodd yn chwyrn yn allweddi ei char ar y ddesg a'u gwasgu'n dynn yn ei mynwes, ond cyn iddi fedru cydio drachefn yn ei chot, roedd llaw Ifan yn gafael yn dynn yn ei braich.

'Mari . . . sdim rhaid i bethe fod fel hyn! . . . Gawn ni o leiaf fod yn ffrindie . . . trafod yn gall!'

'Nid dyma'r amser i fod yn gall, Ifan!'

Datododd ei hun o afael Ifan a brasgamu tua'r drws.

'Pryd ga i dy weld di 'to?'

'O, sa i'n gwbod! Rywbryd! Falle!'

'Mari!'

10

Estynnodd Beryl Huws i gefn yr Audi am ei basged. Gobeithiai'n fawr fod y clawr yn ddigon tyn y tro hwn. Bu arogl llaeth yn y car am wythnosau wedi'r tro diwethaf. Petai Ifan heb fynnu dod gyda hi'r tro hwnnw, a mynd ar y fath gyflymdra rownd sgwâr Coed-hir, fuasai'r pwdin bara ddim wedi mynd yn ffradach dan sedd y gyrrwr fel y gwnaeth. A'i haerllugrwydd wedyn yn awgrymu y gwnâi Bollt, y ci defaid, jobyn iawn o lanhau'r annibendod – fel petai hi eisiau hen flewiach ci ymhob man ar ben y cyfan!

Gollyngodd ochenaid o ryddhad o sylweddoli fod y cawl cennin a baratowyd ganddi'n gynharach yn ddiogel yn ei le a heb golli diferyn. Clodd ddrws y car yn ddigoel o'i hôl cyn agor clicied yr iet fach bren o'i blaen.

Anadlodd yn ddwfn. Mynych y dychmygodd y diwrnod hwn. Wrth gwrs, roedd wedi troedio'r un llwybr tua bwthyn Coedllwyd droeon yn y gorffennol, ond erioed gyda'r fath drymder yn ei mynwes. Diolchodd nad oedd Tomos wrth ei hochr y funud honno. Doedd ef ddim yn un da iawn gyda materion sensitif. A beth bynnag, gwnâi fwy o les o lawer iddo fynd â'i loi i fart Caerfyrddin a dal i fyny â chlonc cyfeillion na bod yma gyda hi yn mentro i ddyfroedd dyfnion. Byddai ei gŵr fel dyn newydd wedi dychwelyd oddi yno, ei ysbryd yn ysgafnach ac yn fwrlwm i gyd o sylweddoli nad oedd yn straffaglu drwy'r mwd ar ei ben ei hun. Byddai'r holl hanesion a glywai ar ei daith yn sbardun iddo hefyd. Doedd dim i'w gymharu â chlonc y mart. Pa angen y *News of the World* pan allai clonc y mart ddigoni angen cymdeithas wledig am newydd lawn cystal, meddyliodd Beryl wrthi'i hun yn watwarus.

A dyna, mewn gwirionedd, oedd wrth wraidd ymweliad Beryl â Ben a Magi Huws, ei rhieni-yng-nghyfraith – rhoi diwedd ar glonc a chau pen y mwdwl unwaith ac am byth. Rhyfeddai'n aml at y ffordd y llwyddwyd i gadw'r holl fusnes yn dawel a thu hwnt i glyw'r plant, a gyda chysgod y briodas mor drwm drostynt, roedd Beryl am wneud ei gorau glas i sicrhau na fyddai dim o gwbl yn amharu ar y diwrnod mawr.

Prysurodd ei cham wrth sylwi ar gyffro yn llenni'r gegin, a chyn iddi gyrraedd pen y llwybr roedd drws y ffrynt wedi ei daflu ar agor a gwên groesawus Magi Huws, neu Mam-gu Llwyd fel y'i bedyddiwyd hi gan y plant, yn ei denu.

'Wel, Beryl fach! Ma beth yw syrpreis!'

'Wedi neud cawl, Magi . . .' Oedodd Beryl am eiliad o sylweddoli eironi ei geiriau. 'Meddwl y byse chi a Ben . . .'

'Mi fydd e wrth 'i fodd! Dewch miwn!'

Dilynodd Beryl hi i mewn drwy'r cyntedd a thrwy'r gegin orau oedd bron byrstio gan greiriau o'u cyfnod hwy yn y Gelli, yn ddodrefn derw a brasys ceffylau, ac ati, i'r gegin gefn lle'r oedd Ben Huws yn pori uwchben y *Deaths* yn y *Western Mail.*

'Ŷch chi eitha byw heddi 'to 'te?' holodd Beryl yn gellweirus.

'Odw, yn ôl hwn 'no! . . . Ond sdim iws credu popeth ŷch chi'n ddarllen yn shwt racs o bethe!' ychwanegodd yn bigog.

Heb gymryd unrhyw sylw, trodd Magi Huws at y Rayburn i wrando am chwiban y tecil tolciog oedd bob amser â'i ben-ôl yn gysurus gynnes yng Nghoedlllwyd.

'Yfwch chi ddished fach, Beryl?'

'Ddim heddi dw i'n ofni, Magi – ar dipyn o hast.' Tynnodd Magi Huws y tecil yn ôl yn siomedig cyn ymorseddu ar ei chadair siglo yn y gornel. Roedd Beryl wedi penderfynu cyn dod nad oedd oedi i fod heddiw. Dweud ei neges, cael ei hateb – beth bynnag fyddai hwnnw – a ffoi. Ei gwadnu hi mor gyflym ag y gallai i'w lloches yn y Gelli a chau'r drws yn dynn i ddygymod â'r siom neu'r rhyddhad.

'Isie gair bach odd arna i – am y briodas.'

Cyffrôdd Magi drwyddi er mai pwyllog a digon di-hid oedd ymateb Ben Huws.

'Ond ma digon o amser . . .' dechreuodd, cyn i lygaid ceryddgar ei wraig ei rwystro ar ganol ei frawddeg.

'Meddwl odd Tomos a finne . . .'

Croesodd bysedd ei dwylo'n dynn yn ei phocedi cyn mentro ymhellach.

'Meddwl on ni . . . a odych chi wedi clywed rhywbeth 'wrth Dewi'n ddiweddar?'

Saib hir a phoenus cyn i Ben Huws ddechrau bytheirio dan ei anadl a thaflu ei sbectol drwchus ar draws y bwrdd. Ond roedd geiriau Magi yn fwy o falm i'w chlyw.

'Na . . . dim gair . . . Dim ers tro byd.' Roedd ei geiriau'n gymysgfa o siom a hiraeth. Gwyddai Beryl, hithau, o brofiad mor anodd oedd diffodd fflamau cariad mam.

'Meddwl am Lowri . . .' cychwynnodd Beryl eto.

'Ddaw e ddim yn agos chwaith . . . os yw e'n gwbod beth sy ore!'

A chyda hynny, cododd Ben a throi ar ei sawdl am ddrws y cefn a'i gau'n glep o'i ôl. Drwy'r ffenest, gallai Beryl ei weld yn brwsio dail crin yn yr ardd wrth iddo ddal i siarad yn fygythiol ag ef ei hun. Roedd hi'n amlwg, hyd yn oed wedi'r holl flynyddoedd, nad oedd lleddfu ar ei ddolur. Cydiodd Beryl hithau yn ei basged ac allweddi'r car gan synhwyro nad oedd diben parhau ag unrhyw sgwrs bellach. Heb yngan gair, cododd Magi hithau i'w chyrchu tua'r drws. Trawyd y ddwy gan oerni'r awel o gyrraedd y rhiniog wrth i'r coed o'u blaenau ysgwyd yn urddasol yn y gwynt.

'Wel, diolch am y cawl,' mentrodd Magi'n ddiffuant.

'Peidwch â sôn.'

Suddodd Beryl yn ddwfn i sedd yr Audi. O leiaf dyna un gofid yn llai, meddyliodd wrthi ei hun. Taniodd yr injan yn frwd gan wasgu'r sbardun i mewn ac allan i ruo'i rhyddhad.

11

Ysgydwodd Tomos ei welis driphlith draphlith oddi ar ei draed. Yn ffodus, nid oedd Beryl o fewn golwg i weld y talpiau mwd yn tasgu oddi ar eu godre ac yn glynu'n fwngleraidd frwnt wrth y wal a'r drws. Wfftiodd. A oedd yn rhaid i'w hosan ddiflannu i fol ei weli chwith ac yntau ar gymaint o frys? Nid yn aml y câi'r lle i gyd iddo'i hunan. Roedd Ifan yn ddigon o farn! Byth a hefyd ar ei orsedd – heb roi cyfle i neb arall. Ond fe ddylai'r ymweliad â'r lladd-dy â'r bustechi ei gadw'n brysur am rai oriau o leiaf. Ac roedd Beryl hithau'n rhy brysur â'i sgons a'i *chrîm horns* i boeni neb am dipyn, meddyliodd.

Cadw'n ddigon pell o'r swyddfa a'r bwystfil electronig a oedd wedi ymsefydlu mor anrhydeddus ar y ddesg a wnâi Tomos fel arfer! *P.C.* wir! Gallai Tomos feddwl am ddigon o deitlau eraill mwy addas ar ei gyfer na Chyfrifiadur Personol! Pen Celwyddgi! Penci Cyfrwys! Pryfociwr Cachlyd! O, roedd wedi ei fedyddio'n llu o bethau dros y misoedd diwethaf, a heb eto fedru ymddiried ynddo'n llawn. Roedd yn dal i gau ei lygaid ac offrymu ambell weddi weithiau wrth wasgu'r botymau, a hyd yn oed wedyn roedd y wybodaeth a geisiai yn diflannu er ei waethaf! Buan y daeth i sylweddoli fod ebargofiant yn fwy o le nag a ddychmygodd fyth!

Tynnodd y drws yn dynn o'i ôl a'i gloi. Roedd ar Tomos angen llonydd. Roedd arno hefyd angen atebion, a'r sgrîn fach ddi-nod honno yn y gornel oedd yr unig un a allai roi iddo'r wybodaeth yr oedd yn ei cheisio ar unwaith ac i'r funud. Doedd bosibl petai'r ddau'n llwyddo i gydweithio'n araf, ofalus y gallent ddod i ryw ddealltwriaeth â'i gilydd cyn i geidwad y cyfrifiadur ddychwelyd o'i galafánt. Roedd ganddo ddigon o syniadau yn ei feddwl ond, heb y ffeithiau cywir i'w cefnogi, ni allai symud yn ei flaen.

Gydag un anadliad dwfn, trodd Tomos y pŵer ymlaen. Gallai glywed crombil y peiriant yn corddi'n frwd a'r sgrîn o'i flaen yn dechrau adfywio. Disgled fyddai'n dda, meddyliodd wrtho'i hun, wrth araf suo'n ôl a blaen yn ei sedd. Ust! Ymsythodd wrth i'r peiriant ddechrau datgelu ei gyfrinachau.

ENTER PASSWORD.

A dyna hi'n stop.

Password! Password! Pa *bassword*? Doedd gan Tomos ddim un, hyd y gwyddai, felly rhaid mai at un Ifan y cyfeirid. *Password! Password!* Beth allai fod? Ceisiodd feddwl yn gyflym. Rhyw enw, efallai. Dechreuodd deipio'n ffwndrus. T...o...m...o...s...

INVALID PASSWORD.

Invalid! Invalid! Pwy oedd y tipyn cyfrifiadur i'w alw fe'n *'Invalid',* ac yntau ond newydd groesi'i drigain. Fe gâi e *Invalid!* meddyliodd.

Dechreuodd deipio eto. B . . . e . . . r . . . y . . . l . . .

INVALID PASSWORD.

Y fath haerllugrwydd, meddyliodd Tomos eto! Fu neb ystwythach na Ber . . .! Anobeithiodd wrth sylweddoli ei gam. *Invalid* wir! Os nad oedd yn medru deall Saesneg yn iawn, pa obaith oedd iddo ddeall y ffigurau cymhleth oedd yn guddiedig yng nghof y pryfociwr o'i flaen!

Wedi olrhain enwau bron i holl aelodau'r teulu a chydnabod, fe ddaeth Tomos, o'r diwedd, at y cyfrinair cywir. Shadrach! Pam na fyddai wedi meddwl am hynny ynghynt, taranodd! Wedi'r cwbl, fel rhyw *Bull of the day* yr oedd Ifan wedi meddwl amdano'i hun erioed, ychwanegodd wrtho'i hun ag elfen o falchder yn ei fron.

Nawr amdani.

Gwasgwyd botymau yn y fan hyn a chliciwyd llygoden fan draw, ac erbyn amser cinio, roedd Tomos yn dechrau cael blas arni. Roedd hyd yn oed wedi llwyddo i brintio ambell ddogfen briodol a dychwelyd y gwreiddiol i'r mannau cywir, heb golli'r un darn o wybodaeth, er mawr syndod iddo. Bellach, roedd y ffeithiau i gyd ganddo yn llythrennol ar flaenau ei fysedd, a theimlai'n sicr, wedi'r holl waith ymchwil, y gallai wynebu ei deulu, a chyflwyno'i syniadau'n llawn iddynt. Busnes yw busnes, meddai wrtho'i hun. Fe fyddai Williams bach y Banc yn falch iawn o'r holl waith a roddodd i'w gynllun. Byddai'n rhaid wrth ddisgled o de nawr, i ddathlu!

Diffoddodd y pŵer i'r peiriant a brasgamu'n droednoeth tua'r tŷ.

'Tom! Hawyr bach! Ble ma dy sgidie di?'

'O! Ber fach! Sdim amser i hynny nawr!'

'Dim amser! Ond mae'n ganol Tachwedd ddyn! Gei di niwmonia!'

Ond doedd dim yn tycio. Ni allai holl gonsýrn Beryl, hyd yn oed, darfu ar gynnwrf ei neges.

'Fe allwn ni ddod i ben â hi, Ber!'

'Dod i ben â beth! Am beth wyt ti'n sôn, gwed?'

'Wel . . . am ymddeol!'

'Beth?'

'Ie! Fe allwn ni ddod i ben ag ymddeol!'

'Ymddeol? Ers pryd . . .?'

'Dw i wedi bod yn edrych drw'r ffigure bore 'ma . . .'

'Ffigure . . .?'

'Ie! Edrych! Faint sy 'da ni wrth gefen, pensiyne ac ati.'

'Pensiyne . . . Ond Tom bach! Newydd ga'l dy drigen wyt ti . . . pwy isie ymddeol?'

Roedd hyd yn oed y sgons yn angof gan Beryl, bellach, gymaint y syfrdanwyd hi gan frwdfrydedd carlamus ei gŵr ynglŷn â thestun eu sgwrs.

'Dw i wedi ca'l digon, Ber, 'na i gyd! Paid gweud wrtha i nad wyt ti wedi meddwl am y peth 'fyd!'

'Wel, do . . . rywfaint.'

'Nawr yw'n hamser ni, tra'n bod ni'n dou'n iach.'

'Ond beth am y plant?'

'Wel, Ber, wyt ti'n gwbod na fydd Lowri ddim 'da ni lawer mwy . . . ma Ifan yn ddigon hen i gymryd yr awene bellach . . . a rho di flwyddyn arall ma'n siŵr y bydd Cer hithe wedi hedfan y nyth a'i throi hi am y coleg ne rwbeth.'

Nid oedd Tomos wedi gweld Beryl â'i hwyliau mor fflat ers tro. Doedd bosibl nad oedd hi wedi ystyried y peth o'r blaen! Edrychai arno fel petai'n siarad iaith gwbl estron, neu fel petai e newydd ddisgyn i'r ddaear o blaned Mawrth.

'Ond . . . wyt ti'n sôn am adel y Gelli?'

'Mowceth nadw!'

'Ond shwt alli di ymddeol heb symud o'ma?'

'Symud o'ma?'

'Ond Tom. Os ymddeol, ymddeol! Allwn ni ddim dal i fyw 'ma os wyt ti am ymddeol, neu fydd dim wedi newid!'

'Pam lai?'

Tro Tomos oedd hi yn awr i fynegi anghrediniaeth. Roedd y Gelli'n ddigon o dŷ i'w cynnal i gyd, heb i neb orfod symud oddi yno. A doedd Ifan ddim wedi ffeindio gwraig eto, felly doedd dim brys i symud o gwbl.

'Ond beth sy'n digwydd wedyn, ganol nos, pan fydd buwch yn dod â llo, ac Ifan mas 'da'r bois yn rhywle?'

'Wel, fe allen i . . .'

'Ac wyt ti'n galw hynny'n ymddeol?'

'Tom. Gwrando. Os ymddeol . . . neud pethe'n iawn, a symud o'ma. Byngalo ne rwbeth. Os na nawn ni hynny . . . beth yw'r pwynt?'

'Symud? . . . Gadael y Gelli? . . . Dim byth!'

Taflodd Tomos un cip sydyn ar ei bapurau cyn eu plygu'n frysiog a'u gwthio i boced uchaf ei oferôls.

'Ble ma'n welis i?' sibrydodd yn ffwndrus dan ei anadl.

'Ond beth am ginio?' mentrodd Beryl.

Caeodd y drws yn glep o'i ôl.

12

'Vancouver!'

'Vladivostok!'

'V . . . Venezuela!'

'O! Sbarcs 'achan! Nid gwlad sy isie!'

'Waga Waga!'

'Ie, a sôn am Wag Wag! Rownd pwy yw hi nesa? Ma 'ngwydr i'n wag ers tro!'

Roedd Tafarn y Cwm yn brysurach na'r arfer er mai dim ond nos Lun oedd hi. Rhyfedd cymaint oedd yn llwyddo i ddianc o'u maglau ar Noson Ganu Carolau'r Clwb! Rhaid mai'r syniad o godi arian at y Gronfa Gancr oedd yn eu denu, a dim byd i'w wneud â'r addewid o rywbeth bach i dwymo fan hyn a fan draw ar eu taith, ystyriodd Ifan wrtho'i hun.

'Wel, ti odd yn mynnu canu tri phennill o "O deuwch ffyddloniaid" ymhob man!'

'Ie, fe fuasen ni 'nôl ynghynt oni bai am hynny!'

'Olreit, olreit! Fe a' i!'

Cydiodd Marc yn ei wydr a gwau ei ffordd tua'r bar lle roedd llond powlen o *punch* cynnes yn disgwyl amdano. Beth bynnag, roedd hi braidd yn anodd i Dafydd ac Ifan godi gan fod Siân wedi penderfynu mynd i glwydo yng nghôl Dafydd, a Catrin Cnwc wedi ymgartrefu'n ddigon del gydag Ifan, er gwaethaf gwgu Lowri. Onid oedd ei chwaer bellach yn sylweddoli mor anodd oedd hi i Ifan wrthod cynigion o'r fath gan ferched mor ddeniadol?

'Rownd arall i bawb, Nansi, os gweli di'n dda!'

'Ma criw da ohonoch chi 'ma heno, Marc! Pryd ŷch chi'n mynd i ganu carol fach i ni 'te?'

'Unwaith y bydd y *tonsils* 'ma wedi tiwno'n ddigon da!' atebodd yn gellweirus gan lowcio'i *punch* yn awchus. Teimlodd rywbeth llysnafeddog yn goglais ei ddannedd. Gwthiodd ef allan â'i dafod. Ciwcymber! Gas ganddo'r stwff. Fe'i plannodd yn gyflym yn y soser lwch o'i flaen cyn ei throi hi'n ôl at y criw hwyliog yn y gornel wrth y tân.

'O's lle i un bach?'

Roedd Ifan a Dafydd yn cownsela'n ddiwyd o hyd.

'Wel? Rŷn ni wedi bod drw'r wyddor i gyd! Peidwch â gweud nad o's un lle'n apelio atoch chi?'

Roedd Ifan yn ysu am benderfyniad.

'Fe fasen i wedi setlo'n iawn am Langefni!' meddai Sbarcs.

'Wel, tase un dyn bach ddim wedi neud cyment o annibendod gyda'i *Jack Daniels* yn y Gystadleuaeth Sirol, fydde 'da ni ddim problem.'

Trodd pawb eu golygon at Dafydd wrth iddo yntau geisio edrych mor ddiniwed â chwningen mewn cae o foron.

'Wel, os ŷn ni'n mynd, bydd rhaid i ni drefnu'n glou. Dim ond tan mis Ebrill sy 'da ni!' ychwanegodd Ifan eto, gan gynnig winc i Catrin.

'Pam? Beth sy pry' 'ny?' Roedd hi'n amlwg fod meddwl Sbarcs yn dal i grwydro bryniau Bethlehem.

'Wel . . . y diwrnod mowr?'

'Yh?'

'Y briodas?' Cynheuwyd chwilfrydedd Siân, er na sylwodd Dafydd ar y disgleirdeb yn ei llygaid.

'Gwilym a Lowri?'

Daeth gwên chwareus i wyneb Ifan wrth iddo wfftio'u hawgrymiadau â'i lygaid direidus.

'Nage, nage! Blaenoriaethe, bois bach! Sôn am y Rali dw i!'

Amneidiodd pawb eu cytundeb wrth droi eu meddyliau at gymanfa fawr y Ffermwyr Ieuainc oedd yn gymaint rhan o'u calendr bob blwyddyn.

'O! Reit!'

O'r diwedd roedd Sbarcs yn graddol ddisgyn oddi ar ei gamel.

‘A ble ma’r ddou fach gariadus ’ny nawr ’te?’

‘Gartre. Trefniade i’w sorto ne rwbeth.’

‘Ie . . . ne rwbeth!’ Plannodd Sbarcs ergyd awgrymog yn ochr Dafydd.

‘Olreit! Olreit!’

Roedd Ifan yn dechrau colli amynedd. Roedd e’n fwy awyddus na neb i weld trefnu’r trip. Teimlai fel petai wedi bod yn tindroi’n rhy hir. Roedd am ddianc. Yn bell, bell i ffwrdd. Rhywle lle nad oedd sôn am biswail, na phriodas na babis! O leiaf roedd busnes Mari wedi ei sortio. Roedd y digwyddiad hwnnw wedi ysgwyd Ifan yn fwy nag yr oedd wedi ei ddychmygu ar y dechrau. Cyn gynted ag yr oedd e’n dechrau cyfarwyddo â’r syniad o fabi, a bod yn dad, am ei gyfrifoldebau ac ati, dyna hi, Mari, yn troi rownd a dweud nad oedd yna fabi’n mynd i fod, ac mai ei hawl hi a neb arall oedd dewis. Hynny yw, os dewis o gwbl. Doedd Ifan ddim wedi ei gweld ers y noson honno. Wedi dianc yn ôl i ddiogelwch y ddinas fawr ddrwg cyn gynted â phosibl, sbo. Ni allai ei beio damaid. Fe fuasai e wedi gwneud yr un peth petai e ei hunan yn ei lle hi. Fe driodd ffonio. Dim ateb. Dim ond yr hen beiriant cythraul. Talu’r pwyth yr oedd hi siŵr iawn. Wedi’r cwbl, fe fu yntau am bythefnos yn osgoi ei galwadau hithau. Hi oedd yn iawn, debyg; roedd Ifan yn dechrau derbyn hynny yn awr. Dim ond cymhlethu pethau fyddai babi wedi ei wneud. Nid oedd yn siŵr o’i deimladau tuag ati, hyd yn oed. Wrth gwrs, roedd yn agos, neu o leiaf fe fu’n agos iddi, er nad efallai’n ddigon agos i'w charu'n iawn, fel y dylai pob merch gael ei charu. Ac allen nhw ddim dwyn babi i fyny heb wir gariad, allen nhw? Fyddai hynny ddim yn deg – ddim yn deg ar yr un ohonynt. O leiaf yn awr roedd y ddau ohonynt yn rhydd unwaith eto. Fe allen nhw fwrw ymlaen â'u bywydau heb ddim i'w dal yn ôl. Ac os oedd yr holl fusnes wedi dysgu rhywbeth i Ifan yn ystod y misoedd diwethaf, ei ddysgu i gymryd pob cyfle a gâi yn llawn hyder oedd hwnnw. Rhoddodd wasgiad awgrymog i goes Catrin.

Wrth gwrs, roedd Daf, Sbarcs ac yntau wedi bod yn trafod mynd i grwydro'r byd droeon o'r blaen, ond erbyn hyn, teimlai Ifan fel petai mwy o frys ynglŷn â'r holl beth.

'Beth am Ganada? Allwn ni ddechre'n fan'ny a gweithio'n ffordd lawr drw'r Rockies cyn belled â Califfornia . . . neu Mecsico . . . neu Hawaii?'

'Ie! Alla i jyst dy ddychmygu di mewn sgyrt wellt, wir Sbarcs!'

Roedd Dafydd yn ei elfen.

'Gwastraff gwellt os ti'n gofyn i fi!' oedd yr unig ymateb. Sylwodd Ifan fod golwg ddigon myfyriol ar wyneb Marc. Gwyddai'n iawn mai ef fyddai ar flaen y gad wrth sôn am unrhyw antur.

'Ond beth am Bin Laden?'

Edrychodd pawb ar Marc mewn anghrediniaeth. Roedd Ifan yn anghywir. Roedd ei gyfaill yn dal i hofran rywle uwchben cymylau'r Dwyrain Canol. Ei anwybyddu fyddai orau, tybiodd.

'Beth amdani 'de?'

'Wel, fe ddylen ni ddod i ben â chyment â hynny mewn rhyw dri mis sbo!'

'A phwy a ŵyr! Falle y doi di ar draws rhai o dy dylwyth coll mas 'na!'

'Am beth wyt ti'n clebran nawr, Daf?'

'Wel, am Shadrach wrth gwrs! Nage o Ganada ma fe'n dod?'

Ochneidiodd Ifan mewn anobaith.

'Daf bach! Ma lot 'da ti i ddysgu!'

Cydiodd y tri yn eu gwydrau a chynigiodd Ifan lwncdestun.

'I Ganada!'

'A'r U.S. of A. cofiwch! Wedi'r cwbwl, ma popeth yn *fwy* yn America,' ychwanegodd Sbarcs gan hoelio'i sylw'n fesmerig syth ar fynwes ymchwyddol Delyth Bryn.

'Alla i ddim aros!' Llyfodd ewin y *Guinness* yn araf oddi ar ei wefus uchaf â'i dafod.

'O! Sbarcs!'

13

Gwallgofrwydd. Dyna'r unig air allai Cerys feddwl amdano i ddisgrifio penderfyniad Lowri a'i mam i fynd i Gaerdydd i chwilio am ffrog briodas ar y Sadwrn cyn y Nadolig. Roedd chwe mis a mwy tan y diwrnod mawr! Nid bod Cerys yn un i wrthod trip i'r brifddinas. Doedd bosibl y byddent yn treulio'r diwrnod cyfan yn chwilio am ffrog! Roedd hyd yn oed eu tad, Tomos, yn meddwl nad oedden nhw'n chwarter call yn mentro i ferw'r ffair y diwrnod hwnnw, er mai rhyw sôn am aros tan y *sêls* oedd wrth wraidd ei ddadl ef. Dewis ymgeledd yn ei dractor a wnaeth hwnnw, er mor barod yr oedd ar adegau eraill i hebrwng y merched i'r siopau os gallai e bicio i'r gêm rygbi agosaf yn y cyfamser.

'Erbyn faint o'r gloch ŷn ni fod yn y siop gynta?' holodd Beryl ar gyrion Port Talbot.

'Deg o'r gloch ma'r apwyntiad.'

Syndod a rhyfeddod! Wfftiodd Cerys wrthi ei hun. Fe ddylai fod wedi sylweddoli nad rhyw drip siopa ar hap oedd hwn ac y byddai ei chwaer oruwch effeithlon wedi trefnu pob manylyn i'r funud agosaf. Roedd pawb wedi eu gorchymyn i fod yn y car erbyn saith o'r gloch, er nad yn aml y sylweddolai Cerys fod yna ddau saith o'r gloch mewn diwrnod! Ond, erbyn dwy funud wedi saith, ar ôl caniad neu ddau digon haerllug ar y corn, roedd yr Audi'n graddol ganu grwndi ar hyd lôn y Gelli. Amheuai'n aml a oedd gwaed militaraidd yn llifo yng ngwythiennau Lowri gan mor agos y glynai wrth y cloc. Rhyngddi hi a'i mam, doedd gan Cerys ddim gobaith llacio'r ffrwyn.

'Yn y siop 'na ma'r ffrogie lliw lelog 'na ddangoses i i chi yn y cylchgrawn.'

Diolch byth ei bod hi wedi dod â'i *Cosmopolitan* gyda hi, meddyliodd. O leiaf gallai ymgolli yn hwnnw am ychydig tan iddyn nhw gyrraedd, hyd yn oed petai'n teimlo'n sâl o'r herwydd. Wrth droi'r tudalennau sgleiniog a phori yn yr erthyglau egsotig am *liposuction,* Jennifer Lopez a lipstic, roedd y sôn diddiwedd am ffrogiau, *sling-backs* a rhosynnau a ddeuai o ben blaen y car yn ymdoddi'n niwl yn y cefndir.

'Cer! Cer?'

Dychrynodd. Rhaid ei bod wedi syrthio i gysgu am ychydig, gan mai llais ymbilgar ei mam yn ceisio ei deffro oedd y peth nesaf a glywodd Cerys.

'Ble rŷn ni nawr . . . Faint o'r gloch yw hi?' Ymestynnodd ei breichiau cyn uched â phosib er mwyn ceisio ymddatod o'i blinder. Drat! Dechreuodd ysgwyd ei throed chwith yn ysgafn wrth deimlo pinnau bach yn fflangellu tan ei throed, gymaint ei lletchwithdod wrth gysgu.

'Yn y maes parcio . . . Ugen munud i naw!'

'Hy! Ma sens mewn bod yn gynnar 'fyd!' mentrodd Cerys o dan ei hanadl wrth sicrhau fod ei phwrs yn ddiogel yng nghrombil ei bag.

'Disgled fach gynta?' awgrymodd Beryl yn foddhaus. Nid oedd yr un trip siopa yn gyflawn i Beryl heb fygaid o siocled poeth a hufen ar ei ben. Roedd fel rhyw gyffur a roddai iddi nerth i barhau â gwaith pwysig y dydd.

'Pam lai!' cytunodd Lowri. Ac i ffwrdd â'r tair ohonynt i chwilio am y caffi agosaf.

Graddol brysuro yr oedd Stryd y Frenhines. Bysiau

a thacsis oedd fwyaf amlwg yn symud a stopio i rythm y goleuadau traffig. Edrychai'r stryd yn llawn, serch hynny, gan mor foethus y trwch addurniadau a ddiferai o bob polyn a siop. O na fyddai'n nos, meddyliodd Cerys wrthi ei hun, iddi gael gweld y bylbiau oll ynghynn a'r ddinas yn ei gogoniant. Doedd y goeden ar sgwâr Llwynbedw yn ddim i'w chymharu â hyn. Amneidiodd Lowri arni wrth wylio rhyw gerddor boliog yn straffaglu â'i diwba ar hyd y stryd o'u blaen, wrth i weddill y band ddiflannu rownd y gornel tuag at y castell.

'Fe fuase'n well tase fe wedi cymryd at y ffliwt!' ychwanegodd eu mam.

Dechreuodd Cerys anesmwytho. Nid dod i Gaerdydd i dreulio awr mewn caffi ceiniog a dimai oedd ei bwriad hi, er cystal blas ei *cappuccino*.

'Beth am gwrdd yn y siop briodas erbyn deg?' holodd Cerys yn awchus wedi dadebru ychydig yn fwy.

Nid tawch y siocled poeth yn unig oedd yn gyfrifol am y braw yn llygaid Beryl Huws.

'Hynny yw, os ŷch chi'ch dwy'n gobeitho ca'l rhwbeth yn ych hosan fore dydd Nadolig!'

Fe ddylai hynny fod yn ddigon o esgus i dorri'r garw, bodlonodd Cerys.

'Ond i ble'r ei di?' Roedd Beryl yn dal yn betrusgar. Dyma ei chyw melyn olaf yn gofyn am gael ei gadael yn rhydd am awr yng nghanol Caerdydd. Wrth gwrs, roedd hi'n un ar bymtheg, ond yn gam neu'n gymwys, roedd Beryl yn dal i feddwl amdani fel ei babi, ac fel pob babi, roedd angen gofal cyson arni.

Amneidiodd Lowri ar ei mam â'i llygaid gan ei hannog i ymateb yn fwy cadarnhaol.

'O! Olreit! Cyn belled â dy fod ti 'nôl yn adran briodase siop Howells erbyn deg 'te.'

'Grêt! Newch chi ddim difaru!'

Llowciodd Cerys ei choffi'n frwd cyn sipio'i chot a thaflu ei bag rywsut rywsut ar ei chefn.

'Cer? Cofia – paid â bod yn hwyr!'

'Fi? Hwyr?!'

*   *   *

Deg munud wedi deg, a dal dim sôn am Cerys. Roedd yr olwg 'fe ddwedes i' yn llygaid Beryl yn ddigon i beri i Lowri dwrio'n ddyfnach am guddfan ymysg y rhesi ffrogiau sidan oedd yn rhithio o'i blaen. Er mor glinigol y plastig clir o'u cwmpas, câi ryw wefr o gyffwrdd â phob un yn ei thro – rhai yn frodwaith drostynt, eraill yn ddisglair gan risial, a'r gweddill mor syml a dirodres nes y teimlai fel lapio ei hun yn eu purdeb meddal y funud honno. Roedd fel petai wedi ei throsglwyddo i'w byd bach ei hun, byd yn llawn dychmygu, dyheu a breuddwydio, byd cwbl ddistaw heblaw am sŵn siffrwd sidan yn y gwynt. Mor araf y symudai byd ei breuddwydion – cyrraedd y capel, cyfarch cyfeillion, hwylio tua'r côr mawr, wyneb Gwilym, balchder ei rhieni – roedd y golygfeydd yn ymdonni'n hudolus sicr o'i blaen. Roedd hyd yn oed ei llith 'Yr wyf i . . .' hithau a Gwilym wedi ei serio'n braff ar ei chof, heb sôn am gyfraniad ' Y fi' ei thad. Ei thad . . .

Dechreuodd Lowri ymbalfalu ymhellach.

Ond ni fedrai Beryl ganolbwyntio ar ddim – dim ond ei horiawr a'r ffenest fawr o'i blaen. Roedd y stryd yn prysuro gan siopwyr awchus yn fagiau i gyd, ond doedd dim sôn am Cerys. Wynebau, wynebau – rhai'n llawn hwyl, eraill fel petaent ar goll yn holl fwrlwm y siopa cyn 'Dolig, ond dim un wyneb cyfarwydd. O, fe fyddai Cerys yn sicr o gael pryd o dafod pan gyrhaeddai!

Câi pob ffrog a dynnai Lowri o'r rhes eu cyfarch gyda'r un ymateb diddrwg didda, 'Neis', neu 'Iawn'. Sut y gallai hi feddwl am briodi mewn ffrog a oedd ddim ond yn 'neis' neu'n 'iawn'! Roedd hi'n chwilio am *y ffrog* – y ffrog a fyddai'n tynnu'r bripsyn diwethaf o anadl o fynwes y caletaf o ddynion, ac na fyddai geiriau'n ddigon i'w disgrifio, y ffrog fyddai'n dweud 'Ie' o'i feil i'w godre, ac a fyddai'n ddehongliad ohoni hi ei hun fel person, y ffrog a fyddai'n gwneud ei rhieni, a Gwilym, yn falch ohoni . . .

Gellid clywed rhyw gyffro yng nghyntedd yr adran briodas.

'O'r diwedd!' ebychodd Beryl gan neidio ar ei thraed.

'Cer! Ble wyt ti wedi bod?' Ond cyn i'w mam fedru cael y geiriau allan o'i phen yn iawn, fe'i trawwyd gan rym megis corwynt ac fe'i plannodd ei hun drachefn yn ei chadair.

'Cerys! Beth yn y byd?'

Syllai Beryl yn gegrwth ar ei merch ieuengaf. Deffrôdd Lowri, hithau, o'i breuddwyd a throi at ei chwaer i geisio gweld beth oedd y broblem. Bu raid iddi hithau oedi am ennyd i ddod dros ei syndod.

'O'r mowredd! Beth wyt ti wedi neud?'

'Wel, ŷch chi'n 'i hoffi e 'de?'

'Sa i'n gwbod beth ddywed dy dad!'

14

Doedd dim angen i neb yngan gair. Roedd hymian parhaus Ifan o dôn 'Rwdolff a'i drwyn Coch' yn ddigon i godi gwrychyn o gwmpas y bwrdd cinio Nadolig. Prin sylwi ar felltith eu hŵyr a wnaeth Mam-gu a Dad-cu Llwyd, ond roedd Tomos a Beryl a'i chwiorydd yn fwy nag ymwybodol o'i hoffter o dynnu coes. Byddai ei fam yn sicr o ddioddef o ddiffyg traul wedi hyn o fethu cnoi ei sbrowts yn fwy trylwyr gymaint y straffaglai i guddio'i chynddaredd. Teimlodd Ifan ergyd i'w ffêr wrth i wên angylaidd dorri ar wefusau Lowri yr ochr draw i'r bwrdd. Wyddai Ifan ddim yn iawn beth oedd yr holl ffws. Wedi'r cwbl, roedd digon o fustych yn y Gelli wedi gorfod wynebu'r un peth, a doedd neb yn becso taten am y rheini. Cynigiodd winc slei ar Cerys. Doedd e ddim yn gweld dim o'i le ar y fodrwy fach ddisglair a thwt yn ffroen chwith ei chwaer ieuengaf. Bu ei dad am dridiau cyn sylwi, felly ni allai fod cynddrwg â hynny. Ond yn ôl ei mam, roedd hi'n ddiwedd y byd.

'Diolchwch!' oedd ymateb Cerys iddi. 'Ma 'na lot o lefydd erill mwy poenus o lawer lle gallen i fod wedi cael modrwy!'

'Ie, cofiwch am Edi Gwyllt,' atgoffodd Ifan ei fam yn gellweirus, wrth i honno gochi hyd at fôn ei chlustiau a bron tagu ar ei thaten rost. 'Ond sdim isie i chi fecso, Mam fach, wnaethen i ddim shwt beth,' ychwanegodd yn ddigon diffuant, gan fethu dychmygu pam y byddai rhywun am achosi'r fath boen i'w bidyn.

'Ma amal i fustach wedi dod at 'i goed yn y sièd 'co ar ôl ca'l modrwy yn 'i drwyn!' ychwanegodd Tomos yn awgrymog, araf heb godi ei ben o'i blât wrth gwrso pysen â'i fforc. Syllodd Lowri'n syn ar wyneb gwridog ei chwaer wrth i honno synhwyro'r hanner cerydd.

'Ond shwt fyddi di'n chwythu dy drwyn, Cer fach?' oedd cwestiwn Mam-gu Llwyd pan welodd hi ei hwyres gyntaf.

'Jyst 'run peth â phawb arall!' Roedd Cerys yn dechrau mynd yn fyr ei hamynedd.

'Ie, gofynnwch i Edi Gwyllt!' mentrodd Ifan dan ei anadl, wrth glywed clwtyn sychu llestri ei fam yn chwibanu heibio'i glust.

Troi'r siarad yn ddigon chwim wnaeth Tomos Huws.

'Clywed sôn fod Tyddyn Isa ar werth . . .' gan wybod y byddai gan Mam-gu a Dad-cu Llwyd y wybodaeth ddiweddaraf ynglŷn ag unrhyw fynd a dod o bentref Llwynbedw. Roedden nhw'n rhan hanfodol o goeden glecs y pentref. Dyna un o fanteision byw ar y sgwâr, gyferbyn â'r Swyddfa Bost, meddyliodd Ifan wrtho'i hun. Roedden nhw wrth eu bodd yng nghanol y bwrlwm, yn enwedig ers i'r hen ddyn roi'r gorau i'w gar. Roedd yn y garej yn amlach nag ar y ffordd erbyn y diwedd gan mor aml y tolciwyd ef ganddo. Gwrthododd ei fam-gu fynd gydag ef yn ei gerbyd ers misoedd, gan ddewis mynd ar y bws i'r dref – 'er mwyn cyrraedd yn un pisyn', meddai hi. Ond roedd yr hen Fetro bach yn ddigon cyfleus i gario'r ddau yn ôl a blaen o'r Gelli, jyst i gadw golwg ar bethau.

'Pris go lew arno fe 'fyd, medden nhw!'

'Rhai o bant aiff â hwnna 'to, gei di weld!' Swniai Mam-gu Llwyd yn ddigon anobeithiol.

'Unrhyw beth â thamed o dir i gadw *ponies*.'

'Siwto rhywun wedi ymddeol o ffarmo, falle! Rhywun lleol sy'n whilo lle â thamed o dir!'

Cododd Ifan ei ben o sylwi mor frwd yr oedd ei fam i gynnig barn ar y mater.

'Moron, Tomos?' holodd Beryl drachefn.

Ysgydwodd ei dad ei ben gan fod ei geg eisoes yn llawn. Doedd yr edrychiad a gynigiodd i Beryl ddim yn un cadarnhaol iawn chwaith.

'Tipyn o waith gneud arno fe, serch hynny,' meddai Tad-cu eto, fel petai'n rhyw awdurdod mawr ar adeiladu.

'Ond fe alle neud lle bach neis . . . beth wyt ti'n weud, Tomos?' Roedd y tân yn llygaid Beryl Huws yn ddigamsyniol. Hoeliodd ei sylw ar ei gŵr fel petai'n ceisio hudo rhyw wirionedd o'i enaid. Roedd hyd yn oed Cerys wedi sylwi fod rhywbeth ar droed wrth i'w mam amneidio'n frwd ar Tomos â'i phen.

'Mae'n ddigon posib . . .!' Digon ffwndrus oedd ymateb hwnnw wrth ymbalfalu ym mhoced ei drowsus rib am ei Rennies. Trodd Tomos oddi wrth ei wraig am ennyd i geisio osgoi ei llid. Roedd y cyfle wedi pasio, ac roedd e wedi methu.

'Pawb wedi gorffen? Fe wna i ddechre clirio 'te!'

Roedd Lowri'n awchu am gael cyrraedd y pwdin. Un o ddefodau'r Gelli oedd mai Mam-gu Llwyd gyda'i rysáit cyfrinachol a'i phisynnau tair oedd yn gyfrifol am y pwdin bob blwyddyn. Hwyrach mai dyna'i ffordd hi o sicrhau y câi wahoddiad 'nôl i'r Gelli am ginio bob Nadolig. Hi fyddai'n gyfrifol bob tro am gynhesu'r brandi a'i dywallt yn drwch dros y pwdin poeth, er nad oedd ei bysedd musgrell mor chwim ag y buasent wrth gynnau'r fatsen, bellach.

'Ma chwant arna i i werthu 'fyd!' Roedd Ifan wedi bod yn aros ei gyfle.

'Gwerthu? Am be wyt ti'n sôn?' Tybiai Lowri mai parhau â'i dynnu coes yr oedd ei brawd.

'Y car.'

'Dwyt ti ddim yn golygu gwerthu Fiona'r Fiesta do's bosib!' Roedd y newydd hyd yn oed yn ddigon i ddychwelyd Cerys i dir y byw.

'Beth? Yr XR2!'

'Beth arall!'

'Hen bryd i ti ga'l rhwbeth bach mwy teidi . . . saffach!' Roedd Mam-gu yn dal i feddwl am y Metro sbo, meddyliodd Ifan.

'Ond sa i'n mynd i brynu car arall am sbel.'

'Pam?' Ei dad.

'Ma arna i isie'r arian.' Roedd e wedi dechrau ar ei stori nawr, felly rhaid oedd mynd â'r maen i'r wal.

'Wel, ŷch chi'n gwbod fod Daf wedi ennill ysgolorieth i fynd i drafaelu, wel . . . ma Sbarcs a finne . . . wel, ŷn ni'n bwriadu mynd 'da fe am dipyn.'

Roedd llygaid pawb o gwmpas y bwrdd yn agor yn lletach wrth y funud.

'Ond . . . i ble?' Roedd awch ar gwestiwn Beryl.

'Wel, dŷn ni ddim wedi trefnu'n iawn . . . America falle, ne . . .'

'A phryd?'

'Cyn gynted ag y gallwn ni.'

'Ond beth . . .'

Roedd gan Ifan lawer o gwestiynau i'w hateb ac unigolion i'w hargyhoeddi.

'Dw i wedi trefnu'r cwbwl. Ma Dai Dwble'n folon rhoi help llaw ar y ffarm 'da'r godro ac ati, a fyddwn ni 'nôl mewn da bryd erbyn y briodas, os mai hynny sy'n ych becso chi!'

Tawelwch. Estynnodd Ifan am yr hufen a'i daenu braidd yn orawyddus dros ei bwdin, nes sarnu llond llwy ford ohono ar y lliain celynnog o'i flaen.

'Wel, 'na fe 'te! Sdim mwy i weud!' Roedd geiriau Tomos Huws yn fesuriedig. Cydiodd Tomos yn ei wydr gwin cyn llowcio'n awchus.

'Ie! Nawr yw dy amser di, Ifan bach!' ychwanegodd Dad-cu, heb sylwi ar y tyndra'n drwch o'i gwmpas.

Estynnodd Beryl am y plât o'i blaen.

'Mwy o bwdin, rhywun?'

'Dim diolch. Ti'n gwbod beth ma nhw'n 'i weud am *ormod* o bwdin, Beryl!'

15

'Sawl pans fydd isie?'

Edrychodd Dafydd ac Ifan ar ei gilydd mewn penbleth. Methent ddirnad a oedd Marc Sbarcs yn disgwyl ateb i'w gwestiwn ai peidio. Torrodd gwên ddireidus ar wefusau Dafydd.

'Ti sy'n gwbod, Sbarcs. Ond os wyt ti'n dod 'da ni, gwna'n siŵr mai rhai brown yw nhw i gyd!'

'Brown? Pam brown?' Oedodd am eiliad. 'O! Chi'r diawled!'

Roedd y tu mewn i'r pic-yp yn dechrau mynd i deimlo'n llaith dan anwedd eu hanadl, er gwaetha'r ffaith fod y gwres ymlaen hyd yr eithaf, a hwnnw'n goglais godre trowsus Ifan, gymaint ei danbeidrwydd, nes bron peri i'w draed ddawnsio. Y tu allan roedd yr eira'n drwch ar lawr a rhyw dawelwch anghyffredin yn perthyn i'r byd tywyll, di-gyffro. Craffai Dafydd yn frwd drwy'r ffenestr flaen a'i fysedd yn dawnsio'n rythmig ddiamynedd ar yr olwyn lywio. Gallai ei ddau gyfaill synhwyro ei fod yn awchu am gael cychwyn arni, gymaint yr arogl gwaed yn ei ffroenau. Ond roedden nhw wedi addo aros i Gwilym.

'Ta beth,' – roedd Ifan yn dechrau tanio erbyn hyn – 'sa i'n credu 'u bod nhw'n gwisgo pans mas ffor' 'na!'

'Beth? Dim pans?!' Roedd Marc yn hanner credu. Bu'n ystyried am ychydig eto, cyn cyrraedd casgliad wrth ei fodd.

'Wel, dw i'n credu y setla i am ddou – un 'bob dydd' ac un gore – rhag ofan!'

Tro Ifan a Dafydd oedd hi i edrych yn syn yn awr. Ond dyna Sbarcs yn ei gyfer, meddyliodd Ifan wrtho'i hun. Roedd bob amser wedi credu fod mwy o synnwyr gan falwoden na gan Sbarcs ambell dro; o leiaf roedd honno'n gwybod pryd i dynnu ei chyrn i fewn a mynd i'w chragen. Ond doedd dim pall ar ddoethinebu eu cyfaill.

'Sbarcs! Stica at dy sbanyrs!'

Teimlodd Ifan gryndod ym mhoced ei drowsus. Estynnodd am ei ffôn. Neges. Catrin – *Heno?* Câi weld. Neges arall. Debi. Debi? – *Eisiau cwrdd. Paid cadw fi i aros! Cariad xx.*

Roedd meddwl Ifan yn araf gorddi. Trodd at y lleill.

'Ŷch chi'n nabod rhyw Debi?'

Digon digyffro oedd ymateb Sbarcs.

'O! Debi!' Roedd Dafydd wedi deffro o'r diwedd.

'Sori 'chan! Ddylen i fod wedi gweud! Ti'n gwbod. Debi'r Crown . . . tu ôl y bar . . . nos Sadwrn . . .'

'O! Y Debi 'na!'

Dechreuodd aeliau Sbarcs ddawnsio'n awgrymog.

'Ie, beth amdani?'

'Wel, fe rois i dy rif di iddi . . . rhag ofn i Siân ddigwydd . . . ti'n gwbod . . .'

Roedd Ifan yn dechrau deall. Deall yn rhy dda! Am beth roedd Dafydd yn meddwl, ni wyddai'n iawn, a Siân mor ffyddlon iddo fe. Anobeithiodd Ifan. Gwell fyddai iddo newid rhif ei ffôn cyn mynd, neu fe fyddai ei fatris yn fflat cyn cyrraedd ochr draw'r Iwerydd! Gollyngodd anadl dwfn. Debi, wir!

'Paid ti becso nawr, Ifs bach! Tri diwrnod bach arall, dyna i gyd, ac fe fyddwn ni'n ddigon pell o'ma erbyn i'r gwaelod gwmpo mas o'r bwced 'na! . . . A tha beth,' ychwanegodd Dafydd, 'ers pryd wyt ti wedi mynd yn gyment o sant?'

Dechreuodd Ifan anesmwytho.

'Hy, ie! Ti'n gwbod mai 'byrgyrs' yw hanes teirw sy wedi bod yn segur yn rhy hir!' Roedd amseru Sbarcs yn anghymharol.

Diolchodd Ifan ei bod yn dywyll yn y pic-yp neu fe fuasai'r gwrid a oedd yn dechrau corddi o dan ei fochau yn ddigon i gynnau mwy o chwilfrydedd ymysg ei gyfeillion. Drwy lwc, nid oedd wedi clywed gair oddi wrth Mari ers y noson honno yn y Gelli. Rhaid ei bod wedi dod adref dros gyfnod y Nadolig, onid oedd? Fe fu ef a'r bechgyn i lawr yn y Cwm ddigon, a doedd dim sôn amdani chwaith ar y bererindod flynyddol i Abertawe i ddawns brenhines y Ffermwyr Ifanc. Rhyfedd na fuasai eu llwybrau wedi croesi, hefyd, petai ond i ddangos nad oedd unrhyw ddrwgdeimlad. Wedi'r cwbl, roedd Mari ac yntau wedi bod yn ffrindiau ers cyhyd, doedd bosibl na allent ailafael mewn pethau . . . rywbryd . . .

Estynnodd Ifan am y botwm i agor y ffenest. Roedd chwarae parhaus Marc â'r fflachlamp yn dechrau mynd ar ei nerfau.

'Ble ma Gwil, 'de?'

'Ie, on i'n meddwl mai am ddeg on ni i fod i gwrdd!'

'Dyw e ddim yn sylweddoli fod pethe pwysicach 'da ni i neud na iste fan hyn fel tri bwgan brain ynghanol ca, berfedd gaea?' ychwanegodd Sbarcs yn ddireidus.

'Isie neud yn siŵr fod y ffowls i gyd yn ddiogel yn y cwt cyn mentro i ganol yr anwaried!'

'Hy! Tase fe ond yn gwbod . . . ma'r cadno mwya'n mynd i fod yn frawd-yng-nghyfreth iddo nawr glatsh!'

Roedd Sbarcs yn amlwg yn cytuno yn ôl y wên foddhaus oedd yn araf ledu ar hyd ei weflau.

'Hisht!'

'O'r diwedd!' Yn eu hwynebu ym mwlch y cae, roedd fan Transit wen. Gwyliodd y tri hi'n ymlusgo'n araf drwy'r eira gan barcio'n dwt yng nghysgod y clawdd rhyw ganllath oddi wrthynt. Un fflach, dwy fflach, tair . . . Roedd y côd cudd yn ddigon cyfarwydd iddynt erbyn hyn.

'Ie, Gwilym yw e. Hen bryd 'fyd!'

Trodd Dafydd allwedd ei gerbyd yntau er mwyn cael dychwelyd y cyfarchiad, ond roedd Sbarcs yn gynt nag ef, ac wedi dechrau fflachio'i groeso â'r lamp yn ei gôl.

''Ma ni gered 'te!'

Taniodd Dafydd injan y pic-yp wrth i Ifan a Marc gydio yn eu drylliau a'i throi hi am gefn y cerbyd lle'r oedd Gwilym eisoes yn eu disgwyl, yn ddwbl baril i gyd.

'Odd rhaid dewis noson mor ôr 'de?' oedd unig gyfarchiad Ifan i'w ddarpar frawd-yng-nghyfraith.

'Fe fydd hi'n haws, gei di weld! Mwy o olion trâd!'

Neidiodd y tri i gefn y pic-yp, a chyda thrawiad ar dop y cab cyrchwyd y pedwar yn y Mitsubishi i waelod y cae lle y gwyddent fod yna wâl neu ddwy ynghudd ymysg gwreiddiau'r coed ynn ar y ffin rhwng Llety a'r Henllys.

'Wil Ifans wedi colli pump o ŵyn eisoes 'leni.'

'A beth amdano fe, Morys Bach?'

'Gwadu fod unrhyw gadnoid i gael ar 'i dir e!'

‘Hy! A ninne wedi lladd saith ar hugen o’r diawled ffordd hyn y llynedd!’

Clywodd y tri ar y cefn gnoc o’r tu mewn i gab y pic-yp’.

‘Gadwch eich lap, bois, ne byddwn ni ’ma drw’r nos!’

Pwysodd Gwilym ei ddryll dros flaen y cab a’i annel yn syth am odre’r goeden agosaf. Diolchodd Ifan fod gan Dafydd ambell fwrn o wair yn y cefn wrth geisio cuddfan yng nghefn y cerbyd, tra bod Marc Sbarcs yn aros fel delw yn y canol a’i lamp bwerus yn barod i oleuo unrhyw gyffro yn y gwyll o’u cwmpas. Roedd y cymylau uwch eu pennau yn dal yn fygythiol wrth droelli’n drwmlwythog yn eu blaenau. Gweddïai Ifan na ddeuai’n eira am ychydig eto o leiaf. Teimlai ei fysedd eisoes fel petaent wedi eu rhewi’n gorn wrth glicied ei wn nes peri iddo amau a allai ei danio o gwbl petai’n fater o raid. Crymodd ei ben yn glòs i’w fynwes er mwyn ceisio teimlo tawch cynnes ei anadl yn adlamu oddi ar y tu mewn i’w got a dadmer ei ên. Anadlodd yn drwm, drosodd a throsodd, nes graddol deimlo’n well.

Yn sydyn . . . Cnoc ar do’r cab, fflach o olau i’r dde . . . ac ergyd . . . ac ergyd arall!

‘Gest ti fe?’ holodd Sbarcs yn awchus.

‘Reit rhwng ’i lyged!’

Synnai Ifan o glywed y boddhad milain yn llais Gwilym o fod wedi gorchfygu ei elyn. Nid hwn oedd y ‘bachgen bach neis’ yr oedd ei fam mor hoff o ganu ei glodydd. Petai hi ond yn ei weld yn awr yn neidio'n frwd o gefn y Mitsubishi ac yn taflu ei ysbail i'w gwdyn yn awchus!

'Ma'n dal yn gynnes braf!' oedd ei unig sylw wrth neidio drachefn i'w loches.

''Y nhro i nawr 'fyd!' Roedd Dafydd wedi bod yn ysu am gael dianc o glydwch y cab ac ymuno yn yr helfa.

'Ond cofia,' ychwanegodd Gwilym yn awdurdodol, 'gad lonydd i'r moch!'

'Wrth gwrs!' Roedd geiriau Dafydd yn ymddangos mor ddiniwed, er y gwyddai Ifan yn iawn na feddyliai ddwywaith am ollwng ambell fwled strae fan hyn a fan draw gan daro unrhyw beth a oedd wedi mentro allan yn yr hwyrnos.

'Hisht, bois!' roedd Marc yn dal i wrando'n astud am unrhyw sŵn yn unrhyw le.

'Gole 'te!'

'Na! Hisht!'

'Beth sy?' Dechreuodd Dafydd swnio'n ddiamynedd.

'Glywes i rywbeth 'fyd!' sibrydodd Ifan o'r gwyll yng ngefn y pic-yp.

'Sŵn clecian o'r ochor draw i'r bryn 'co!'

Llaciodd y tri eu gafael ar eu harfau wrth i Marc Sbarcs neidio o gefn y cerbyd a cheisio rhuthro mor gyflym ag y gallai ei goesau rhynllyd ei gario drwy'r eira tua phen uchaf y cae. Erbyn hynny, roedd Dafydd a gweddill y criw wrth ei sodlau yn y Mitsubishi a'u llygaid wedi eu hanelu'n frwd i fyny dros Frynbedw tua chyfeiriad yr Henllys, y Parc a'r Gelli.

Dringodd Ifan i ben cab y cerbyd i geisio gweld yn well. Roedd rhyw ddirgelwch rhyfedd yn cael ei ddatgelu tua'r gorwel fan draw. Er gwaetha'r oerfel a'r düwch a'u hamgylchynai, ymddangosai'r awyr o'u blaen yn gynnes a golau. Oni bai fod Ifan yn gwybod mai syllu tua'r gogledd yr oedd yr eiliad honno, gallai'n hawdd dyngu mai gwylio toriad y wawr ydoedd. Dan fantell fygythiol y cymylau trymion a oedd fel pe baent yn mygu'r wlad yn gyfan, roedd rhyw ddisgleirdeb annaturiol yn perthyn i'r olygfa a welai'r criw o'u blaen.

'Beth yn y byd?!' Roedd hyd yn oed Dafydd yn gegrwth.

'Hipis yr Allt-ddu wrthi 'to?' Saethodd rhyw ysgryd i lawr asgwrn cefn Ifan wrth ddychmygu'r fath beth. Ond doedd hyd yn oed cellwair cyfarwydd Marc Sbarcs ddim yn ddigon i ddenu unrhyw ymateb gogleisiol oddi wrth y lleill. Sefyll yn stond mewn penbleth llwyr oedd y cyfan y gallent ei wneud.

'Neu losgfynydd?' Edrychodd y tri arall ar ei gilydd mewn anghrediniaeth lwyr o glywed y fath awgrym o enau eu cyfaill. Profodd Sbarcs drosodd a thro mai ef oedd y peth tebycaf i losgfynydd yn ardal Llwynbedw gan mor aml y ffrwydradau afreolus o'i enau.

'Seren wib!' mentrodd Sbarcs eto, fel pe bai mewn breuddwyd. Dyna un arall ac un arall. Roedd yr awyr yn fwrlwm o sêr mân coch, oren a melyn yn dawnsio'n dwmpath yn y ffurfafen cyn diflannu'n derfynol i'r nos. Doedd anfeidroldeb ddim i fod, wrth i fwy a mwy ohonynt ymdonni i'r awyr i gymryd eu lle.

'Glywsoch chi rwbeth nawr?' Roedd chwilfrydedd Gwilym wedi ei ddeffro.

'Fel beth?'

'Dw i ddim yn siŵr . . . Corn neu rywbeth?'

Craffodd y criw eu clustiau er mwyn gwrando'n fanylach ar synau'r nos.

'Seiren!'

Nid oedd amheuaeth nad sŵn seiren oedd i'w glywed yn dynesu tuag atynt. O'u blaenau, wrth i'r sŵn undonog raddol gynyddu, gwelwyd fflachiadau glas yn dirwyn eu ffordd i lawr dros y gorwel tua gwaelod golau'r cwm.

'Tân?' mentrodd Ifan mewn braw.

Ni ddwedwyd yr un gair, ond roedd cytundeb ar wyneb pawb.

Chwalwyd eu myfyrdodau'n sydyn, gan sŵn injan y Mitsubishi yn tanio ac yn refio'n ddiamynedd y tu ôl iddynt.

'Wel, ŷch chi'n dod 'te?'

Yn gymysgfa o banig a chwilfrydedd neidiodd Ifan a Gwilym i gefn y pic-yp tra bod Sbarcs yn straffaglu i agor drws y cab. Cyn i'r un ohonynt gael cyfle i gael eu gwynt atynt, roedd eu cerbyd yn gwiblithrio'i ffordd allan drwy fwlch y cae ac yn chwyrnu'n ffyrnig yn ôl tua phentref Llwynbedw.

16

Roedd clos y Gelli'n ferw gwyllt erbyn iddynt gyrraedd. Pawb yn rhuthro, gweiddi, trefnu a llygadrythu mewn anghrediniaeth lwyr wrth weld yr hyn oedd yn digwydd. Wil Llety, Ianto Pistyll, Dai Dwble, Trefor a Morys Bach, a'i dad – gallai Ifan weld cymaint â hynny. Ond er mor gyfarwydd eu hwynebau roedd y panig llwyr yn eu llygaid bron â gwneud dieithriaid ohonynt. Fe'i parlyswyd yntau gan yr un ofn. Er ei fod wedi sefyll ar y clos yn y fan honno ugeiniau o weithiau o'r blaen roedd yr hyn a welai o'i flaen yn awr yn gwbl y tu hwnt i'w amgyffred. Roedd y cyfan fel golygfa o ffilm James Bond. Roedd yn afreal – yn Hollywoodaidd afreal. Teimlai'n gwbl ddiymadferth. Ble roedd dechrau? Beth allai wneud? Roedd wastad wedi meddwl amdano'i hun fel un a allai gadw ei ben mewn argyfwng, ond roedd gwylio'r fflamau tanbaid ugain troedfedd a mwy yn llarpio sièd wair y Gelli yn ddigon i hoelio traed hyd yn oed y dewraf o feibion dynion yn ei unfan. Synhwyrodd fod yr un cwestiynau yn fwrlwm ym meddyliau ei dri chyfaill hwythau, ac nad oedden nhw, ychwaith, damaid agosach nag e at ganfod unrhyw ateb. Mor dynn y clymwyd eu tafodau, heblaw am ambell reg o ebychiad a ddeuai'n achlysurol o enau Dafydd i gyfarch ambell glec annisgwyl o grombil y tân.

'Yr arswyd!' mentrodd Gwilym. ''Na wastraff!'

Ond er cymaint y ceisiai Ifan gael gafael mewn geiriau i fynegi rhywfaint ar ei deimladau, fe'i trawyd gan barlys fel na allai yngan gair na gollwng sŵn o'i enau. Gallai deimlo ei ên yn adlamu i fyny ac i lawr ond i ddim pwrpas heblaw pwysleisio'i ddiymadferthedd.

Teimlodd ruthr o'r tu ôl iddo. Cyn iddo fedru troi'n iawn roedd bechgyn y frigâd dân wedi sgarmesu heibio iddo gan anelu eu pibell ddŵr yn uchel hyderus i'r awyr.

'Ifan!' Clywodd sgrech aflafar o'r gwyll.

'Mam! Beth ŷch chi'n neud?'

'O! Ifan! Fechgyn! Diolch byth!' Roedd y rhyddhad yn llais Beryl Huws yn amlwg. Cydiodd yn Ifan a'i wasgu'n dynn.

'Ron i'n dechre becso!'

'Beth sy . . . shwt . . .?'

'Sneb yn gwbod yn iawn. Trefor ffonodd ryw awr 'nôl. Holi beth odd yn digwydd yn yr ydlan . . . gweld y sièd wair . . .!'

Gwasgodd Beryl Ifan yn dynnach wrth i'r dagrau ddechrau powlio i lawr ei gruddiau

'Dy dad yn treial boddi'i annwyd o flan y tân . . . neb wedi sylwi dim!' Cynyddodd y cryndod anghyfarwydd yn ei llais wrth i ddwy injan dân arall daranu'n awdurdodol i'r clos. Bron na wnâi'r olygfa honno i Beryl ddychryn mwy wrth i lawn ddifrifoldeb y sefyllfa ei tharo fel morthwyl.

'Ron nhw'n gallu gweld y fflame o'r Henllys!' ychwanegodd Beryl Huws. 'Tase ni ond wedi . . . Ac roedd y pibelli dŵr wedi rhewi . . . Dodd dim allen ni neud!' Plannodd ei phen yn sicr ar ysgwydd barod ei mab.

'Fe a' i i weld nawr . . .!' Gwan oedd y geiriau, ond teimlai Ifan ryw gryfder o rywle wrth i'w feddwl ddechrau deffro. Pam na fyddai wedi gwneud rhywbeth ynghynt, meddyliodd, yn lle sefyll yn ei unfan fel delw.

'Ond Ifan . . . cymer ofal! A ble ma' Tomos?' Dyna'r cyfan roedd ar Ifan ei eisiau y funud honno oedd ei fam yn syrthio'n ddarnau o flaen ei lygaid. Amneidiodd ar Gwilym i'w chyrchu yn ôl at Beti Ifans, Cerys a Lowri a oedd wedi ymgasglu'n griw gofidus o flaen y stabal ym mhen ucha'r clos.

Dechreuodd wau ei ffordd yn orffwyll drwy'r anhrefn ar y clos, yn gerbydau, pibelli a phobl. Osgoi Morys Bach, oedd yn rhuthro yn ôl ac ymlaen fel gwallgofddyn gan chwifio'i bicwarch i bob cyfeiriad, oedd ei dasg fwyaf! Roedd y cyfan o'i gwmpas yn wlyb diferu. Roedd rhedeg ar draws y clos fel rhedeg drwy ffrwd lydan, gymaint y llifeiriant o'r chwistrellau a'r eira oedd yn cyflym doddi dan draed.

'Tractor! Y Ffŵl! Wrth gwrs, y tractor!' Teimlai Ifan yn grac ag ef ei hun am fod mor araf! Tynnodd ei gôt yn ddiseremoni oddi amdano a'i thaflu'n gynddeiriog i gyfeiriad y tanc disl wrth fynd heibio, cyn anelu am y Lambourgini oedd wedi ei pharcio'n falch ym mhen pellaf yr ydlan.

'Dad!' Ochenaid o ryddhad anesmwyth.

Roedd Tomos Huws eisoes wrthi yng nghefn y sièd wair a'i Fassey'n ymwthio i danbeidrwydd y fflamau i ddwyn ambell fwrn neu dwmpath o wair myglyd a'i wasgaru'n dwyni yn yr ydlan a'r cae y tu hwnt iddi. Fflachiodd Ifan ei olau arno, heb ddim ymateb. Gyrrodd yn agosach. Fflachiodd eto, ond i ddim pwrpas. Roedd ei dad fel pe bai mewn breuddwyd. Gallai Ifan weld ei fod yn edrych yn syth i gyfeiriad ei fab, ond heb fedru ei weld. Gyrrai yn ôl ac ymlaen, i mewn ac allan o'r sièd yn awtomatig fel pe bai mewn llesmair, wrth i ambell glec fygythiol ddeffro'r nos o'u cwmpas. Ni allai ddychmygu fod uffern yn le llai dymunol y foment honno! Â'i raca fawr yn ddiogel ar gefn y Lambourgini, ymwthiodd Ifan fel cadfridog i faes y gad. Trawodd y pigau miniog i ganol twmpath o wair myglyd a'i ddiberfeddu o'r prif gorff cyn rhuthro ag ef ar draws yr ydlan a'i blannu'n derfynol yn y cae. Bob tro y trawai'r pigau eu nod, saethau cwestiwn arall i'w feddwl. Beth . . .? Ceisiodd ail-fyw'r diwrnod a aeth heibio. Sut . . .? Diwrnod cwbl ddi-nod. Pam . . .? Dim byd allan o'r cyffredin. Pryd . . .? Bwydo'r stoc . . . gwaith cynnal a chadw . . . Morys Bach . . . trwsio . . . weldio . . . WELDIO!

Dechreuodd Ifan ddawnsio yn ei sedd. Roedd yn chwys oer. Ond yn ferw y tu mewn. Ni allai oddef y syniad! Weldio! Ef fu'n weldio! Weldio peiriant sgwaru dom Morys . . . weldio iet Shadrach! Damo! Damo . . . Damo! Rhoddodd gic i ddrws y cab cyn anelu ergyd arall tuag at yr olwyn lywio â chledrau ei ddwylo, ac yna'u claddu dan ei geseiliau gymaint y boen. Na! Na! Na! Ni allai gredu fod hyn yn digwydd! Jôc gan y bois cyn iddynt fynd ar eu taith. Chwarae teg iddynt! O leiaf roedd hyn yn newid o dynnu labeli oddi ar duniau yn y cwpwrdd bwyd berfeddion nos! Ond efallai iddynt fynd ychydig bach dros ben llestri! Pwysodd Ifan ei ben yn ddagreuol ar yr olwyn lywio. Na! Na! Na!

Clec! A chlec arall, uwch! Deffrowyd Ifan o'i drallod gan sŵn to'r sièd wair yn disgyn yn fygythiol danchwa, ond nid cyn i ddarn ohono wyro ychydig i'r chwith a glanio ar do'r cartws gerllaw.

Mor araf, araf y digwyddodd y cyfan, ond roedd yr effaith yn ddamniol.

'Shadrach!'

Llamodd Ifan ar ei draed fel bollt nes taro'i ben ar y radio uwchben. Sièd Shadrach oedd honno! Neidiodd allan o'r tractor gan anelu'n syth am ddrws cefn y cartws. Rhaid oedd achub Shadrach . . .

'Shadrach! Shadrach!'

17

Roedd Beryl Huws ar ben ei digon. Fel iâr ar ben domen prysurai o gwmpas y Gelli'n llawn pwrpas, gan bigo fan hyn, cario a thendio fan draw. Roedd wedi glanhau'r tŷ drwyddo yn ystod y dyddiau diwethaf, a'r rhewgell yn orlwythog o gacennau a phasteiod a baratowyd 'rhag ofn'. Rhyfeddai Cerys ati. Sut y gallai fod mor ddiwyd a llon o gofio'r oll oedd wedi digwydd? Syrthio'n ddarnau wnaeth Lowri. Colli dagrau a phaldaruo beunydd am westeion, ffotos a phriodas fel petai dim byd arall yn bwysig! Hunanol, dyna beth oedd hi, meddyliodd Cerys yn chwyrn. Ond o leiaf yr oedd hi'n siarad. Yn wahanol i'w tad. Yntau wedi mynd i'w gragen yn llwyr. Yn beio'i hun am bopeth. Dim o'r sgwrsio hamddenol a'r boddhad o fod yn fyw a nodweddai ei gymeriad gynt. Pendiliai rhwng teimlo euogrwydd chwerw a cholli tymer, a rhyddhad nad oedd y difrod a'r golled yn waeth. Doedd hyd yn oed ymweliadau cyson Wil Ifans a'i glonc ddim yn ddigon i ddenu mwy nag ambell amnaid ddigon llipa o gyfeiriad Tomos Huws. Doedd y ffaith ei fod yn gorfod codi bob bore a wynebu'r llanast ar glos y Gelli yn fawr o help i godi ei ysbryd. Aeth pythefnos heibio, heb i Tomos fedru cydio mewn fforch nac eistedd ar dractor. O leiaf, drwy beidio mynd i'r afael â'r anhrefn, fe allai, hwyrach, yn ei ffordd fach ei hun, osgoi'r gwirionedd, a cheisio anghofio'r hyn a ddigwyddodd y noson honno. Edrychai'n ddyn toredig, yn drist a digalon. A pha ryfedd, ag Ifan fel yr oedd.

Nid oedd Cerys wedi medru mynd i'r ysgol ers hynny. Gormod o holi, syllu a busnesan. Nid na fyddai ganddi ateb parod ar eu cyfer; ac nid ychwaith fod ganddi unrhyw beth i'w guddio. Y gwir oedd ei bod yn argyhoeddedig y gallai fod o fwy o gymorth gartre yn y Gelli. Beth bynnag, doedd ond dau ddiwrnod tan hanner tymor. Byddai'n haws ailgydio wedyn. Roedd hyd yn oed wedi llwyddo i berswadio ei mam o hynny hefyd, er mawr syndod a rhyfeddod. Ond câi'r argraff y gallai argyhoeddi ei mam o unrhyw beth ar hyn o bryd, gan ei bod yn hofran rywle rhwng y cwmwl du bygythiol a oedd yn gysgod dros glos y Gelli'r foment honno, a'r uwch stratosffêr. Roedd ei meddwl yn llawn o Ifan, Ifan, er mai ei fai ef oedd y cyfan, mewn gwirionedd. Roedd y dystiolaeth yn amlwg. Doedd ond rhaid edrych ar ei ofyrôls brwnt oedd yn dal i grogi ar ddrws y swyddfa, a'r tyllau a ruddwyd yn eu godre, i ganfod achos y cyfan. Roedd hyd yn oed yr heddlu'n hapus â'r eglurhad hwnnw. Efallai, pe na bai Morys Bach wedi dod draw y prynhawn hwnnw, na fyddai hyn wedi digwydd! Efallai, pe bai Ifan heb fod ar gymaint o frys i orffen ei waith i gael mynd i gwrdd â'i fêts, neu pe na bai eu tad wedi gorfod cymryd i'w wely'n sâl . . . Efallai . . . efallai!

Hwyliodd Beryl Huws heibio i Cerys drachefn. Beiro a darn o bapur oedd yn dal ei sylw y tro hwn. Synhwyrodd y fam benbleth ei merch ieuengaf.

'O! Dim ond gwneud rhester.'

'O! Nid un arall!' diflasodd Cerys wrth ddwyn i gof yr holl restrau a luniwyd yn y Gelli ers cyhoeddi dyddiad y briodas.

'Nage! Nage! Rhester o bopeth sydd isie 'i neud cyn i Ifan . . . ddod gatre!'

Anesmwythodd Cerys. Gallai deimlo'i phoer yn cronni'n lwmp yn ei gwddf, yn groes rhwng tagu a chwydu.

'Cofia, Cer, fe allai fod yn wa'th!'

'Cysur Job!' mentrodd dan ei hanadl. Mor aml y clywodd y geiriau hynny dros yr wythnosau diwethaf, fel petaent yn blastr i iacháu pob dolur. Peri iddi hi deimlo'n waeth a wnaent. Peri iddi ddychmygu sefyllfa fwy echrydus, ei gorfodi i weld golygfa na fedrai ei deall a phrofi poen na fedrai ei oddef. Onid oedd hi'n ddigon gwael fod Ifan wedi llosgi ei ddwylo a'i goesau fel y gwnaeth, a'r cyfan er mwyn Shadrach! Beth oedd hi am ffermwyr a'u hanifeiliaid? Pam na allai Ifan fod wedi sylweddoli'r perygl? Gwyddai fod to'r cartws yn ddigon bregus eisoes cyn iddo ddechrau cael ei ysu gan fflamau. Gallai Cerys glywed yr arogl yn goglais ei ffroenau o hyd. Nid oedd wedi medru stumogi darn o gig eidion rhost ers hynny!

Roedd ei mam wastad wedi dannod wrthi na wnâi hi ddim nyrs. Methu goddef gweld gwaed! Mynd i deimlo mor wan â chwannen yn syth. Daliai Cerys mai ar Tad-cu Llwyd yr oedd y bai. Fe a'i foch! Y tri ohonynt, yn blant, yn ei gredu'n sicr pan ddywedai wrthynt, o ganfod y twlc yn wag, mai wedi dianc yr oedd y mochyn, er y gwyddai ef yn iawn mai crogi'n gorff yn y sièd ym mhen draw'r ydlan yr oedd y creadur druan! Ond fe ddaethant yn gallach – os call, hefyd! Daethant i ddechrau sylwi, rhoi dau a dau at ei gilydd, a dechrau sbecian. Er cymaint y ceisiai Beryl Huws gadw'r plant o olwg y gyflafan, roedd sgrech mochyn yn wynebu angau yn ddigon i beri i hyd yn oed y mwyaf diniwed ddychmygu bwystfilod, gwrachod ac anifeiliaid rheibus. O ddringo i ben y fainc yn y llaethdy, fel tair llygoden fach, roedd gan blant y Gelli olygfa berffaith o'r hyn oedd yn digwydd. Heblaw'r sgrechian a lleisiau dynion wrth eu gwaith, yr olygfa a arhosai hwyaf yn ei meddwl oedd ôl y gwaed yn llifo'n goch i lawr y clos wedi'r gyflafan. Ac os oedd hynny'n ei gwneud hi'n fregus, o leiaf yr oedd yn dangos fod ganddi deimladau!

'Ble ma dy dad nawr 'to?' Rhuthrai llygaid Beryl o gwmpas y clos yn ffyrnig.

'Gas 'da fi 'sbytai!' oedd ei unig sylw ar y mater.

Roedd Beryl yn dal braidd yn siomedig â'i gŵr am nad oedd wedi llwyddo i ddod gyda hi'n amlach i weld Ifan. Rhyfeddai at ei allu i ganfod jobsys bach angenrheidiol i'w gwneud neu ddiflannu'n llwyr pan fyddai unrhyw sôn am fynd i Dreforus. Gallai faddau iddo'r godro, ond peintio cwt yr ieir, pan oedd ei ddrysau wedi bod yn hongian oddi ar eu colynnau ers blynyddoedd, a chasglu rhaffau o gwmpas y clos a manion felly – dyna fwy na digon i godi gwrychyn Beryl. Roedd hithau a'r merched wedi treulio oriau wrth ei ochr yn gwmni, ond dim ond unwaith yn ystod y cyfnod hwnnw y llwyddodd Tomos Huws i'w dilyn, a'r tro hwnnw ond cyn belled â'r drws.

Ond roedd heddiw'n wahanol. Heddiw oedd y

diwrnod y câi Ifan, o'r diwedd, ddod adre o'r ysbyty, ac roedd Beryl yn awchu am gael mynd.

Gyda hynny, daeth sŵn corn cerbyd yn ymbellhau wrth adael y clos wrth i ddrws y gegin agor yn raddol.

'Tomos! Ble wyt ti wedi bod tan nawr? Ma dy de di'n barod ers tro!'

Synhwyrai Cerys fod rhyw sbonc o'r newydd yng ngham ei thad.

'Dil Post. Ma 'na garden 'wrth Marc a Daf!'

'O America? Ga' i weld!' Roedd Cerys yn awchu am rywbeth i dorri ar undonedd y dydd. Ond cyn iddi fedru cyrraedd y pentwr llythyrau, roedd ei mam wedi gafael yn y garden a'i gwthio'n sicr i'w bag.

'Ifan fydd y cynta i ga'l gweld hon! Nawr! Bant â ni!' gan gau'r drws yn glep yn wyneb Tomos.

Syllodd yntau'n wylaidd ar Cerys a chododd hithau ei hysgwyddau'n araf mewn cydymdeimlad. Heb ddweud gair, gwthiodd Tomos ei fysedd yn frysiog drwy ei wallt cyn plannu ei gap brethyn am ei ben a'i brasgamu hi tua'r car.

18

'Annwyl Bawb . . . Gobeithio eich bod yn . . . bla . . . bla . . . Yn mwynhau yma'n Arizona . . . bla . . . bla . . . Tywydd yn grasboeth . . . bla . . . bla . . . Digon o heffrod bach handi . . . bla . . . bla . . . Heb weld y fath stêcs anferthol erioed . . . bla . . . bla . . . Cofion . . . Daf *Dude* a Marc *Maaan*!'

Anwesai bysedd Ifan y garden yn dyner wrth iddo orweddian ar ei wely, gartre yn y Gelli o'r diwedd.

'Fawr yn wahanol i gartre 'te!' meddyliodd yn ddireidus o gofio'r oll oedd wedi digwydd yn y Gelli'n ddiweddar. Difrifolodd. 'Wedi'r cwbl, beth yw ychydig losgiadau a grafft croen neu ddau rhwng ffrindiau!'

Wrth dynnu ei fys dros y geiriau o'i flaen, teimlai'n gymysg i gyd. Teimlai rywffordd yn agosach at yr antur ond eto mor bell i ffwrdd. Roedd yn deall yn iawn. Doedd dim disgwyl iddynt aros iddo ef. Pam dylen nhw golli allan ar y fath daith oherwydd ei letchwithdod e? Ond roedd wedi edrych ymlaen cymaint . . . wedi ysu am gael newid byd . . . dim ond am ychydig. Sut oedd cymharu pythefnos yn y Costa del Treforus â mis a mwy ym mherfeddion America, llond lle o nyrsys a gwely a brecwast am ddim neu beidio! Teimlai fel petai wedi ennill y loteri cyn sywleddoli fod y tocyn hollbwysig yn araf chwilfriwio ym mhoced ei jîns yng nghrombil y peiriant golchi. 'Dyna hanes ei fywyd!' sibrydodd yn sarug wrtho'i hun.

Petai ond wedi aros . . . a meddwl . . . ymddwyn yn gyfrifol, chwedl ei fam. Cyfrifol, wir! Roedd yn bedair ar hugain oed. Doedd cyfrifoldeb ddim yn rhan o'i eirfa – o leiaf nid tan hynny. Petai'n gyfrifol, fe fyddai wedi aros am ennyd i feddwl cyn gweithredu. Petai'n gyfrifol fe fyddai wedi sylweddoli ei flaenoriaethau. A phetai'n gyfrifol, ni fyddai yn y picil yr oedd ynddo heddiw. Ond onid bod yn hunanol fuasai hynny? Wedi'r cwbl, achub Shadrach oedd ei unig gymhelliad wrth daflu ei hun i ganol y fflamau y noson honno. Byddai'n *ang*hyfrifol pe na bai wedi gwneud dim i drio achub ei fywyd, ac yntau'n gystal perfformiwr! Felly pa ffordd oedd i droi?

Dechreuodd dwrio ymhlith y dillad budron a daflwyd blith draphlith ar y llawr yn ei ystafell wely i chwilio am ei ffôn. Rhaid ei bod hi yno'n rhywle. Hosan, pâr o focsyrs, *Farmers Weekly,* cyllell boced, corden bêls, crys-T ac olion cyri mis Tachwedd ar ei flaen, ei lyfr bach du . . . Dan y gwely. Ond wrth gofio'r tro diwethaf iddo fentro i'r entrychion hynny, dechreuodd ei drwyn droi tuag i fyny a'i dalcen grychu'n glòs. Buan y newidiodd ei feddwl.

Roedd ei fam wedi rhoi'r gorau i drio cymhennu ei stafell fyth ers iddo ddychwelyd o'r coleg. Mwmian rhywbeth am berygl iechyd a bod yn ddigon hen bellach i ofalu amdano'i hun. Roedd a wnelo hynny rywbeth â chyfrifoldebau eto, sbo, wfftiodd Ifan, gan deimlo ei fod yn troi a throi mewn cylchoedd byth a beunydd. O leiaf roedd hynny wedi rhoi stop ar ei busnesan â'i hwfer a'i dwster a'i pholis yn ei ystafell rownd y rîl. Onid oedd gan bawb hawl i'w gornel fach gyfrinachol? A beth oedd hynny, ai hunanoldeb neu gyfrifoldeb? Ysgydwodd ei ben yn ddiamynedd. Ond efallai fod rhywbeth i'w ddweud am lanhau, meddyliodd eto, ac yntau'n methu â ffeindio'i ffôn!

'Ifan!' Llais ei fam o waelod y stâr. 'Yfi di ddished?'

Rhywbeth cryfach fyddai'n dda, meddyliodd Ifan wrtho'i hun! Oni bai am y tabledi, efallai . . .

'Fydda i lawr nawr!'

Syllodd yn daer ar ei oriawr. Deg munud i dri. Teimlai'n hwyrach. Ond deg munud i dri! Cyffrôdd drwyddo. Fe ddylai Daf a Sbarcs fod wedi cyrraedd Heathrow erbyn hyn. Roedd Ifan yn siŵr mai am hanner awr wedi dau yr oedd disgwyl i'w hawyren gyrraedd; hynny yw, os oedd ei ddau gyfaill wedi llwyddo i fynd arni mewn pryd ac mewn un darn. Nid dyna fyddai'r tro cyntaf i Sbarcs, o leiaf, fod yn hwyr. Meddyliodd Ifan am y trip rygbi hwnnw i Rosllannerchrugog. Doedd dim sôn am Marc yn unman. Nid fod fawr o ots gan Dafydd gan fod hwnnw'n rhy brysur yn *ffarwelio* ag un o weinyddesau'r gwesty. Rhaid eu bod yn agosáu at y Bala cyn i Ken bysys orfod tynnu i mewn er mwyn gadael i ryw Fini Metro gorffwyll gael sgrialu heibio fel ffŵl cyn sgrechian i stop yn ddiseremoni o'u blaenau. Nesaf, dyma ddrws y Metro yn ffrwydro ar agor ac ugain stôn o fenyw seimllyd yn straffaglu o sedd y gyrrwr a'i breichiau blonegog yn dawnsio yn yr awyr wrth geisio rhwystro'r bŷs rhag symud modfedd arall.

'Wel, myn brain i!' Doedd Ken bysys ddim wedi gollwng y geiriau o'i geg yn iawn pan ddaeth pwl o chwerthin drosto wrth bwyntio at y Metro bach rhydlyd o'u blaenau. Yno'n eistedd yn wylaidd fel plentyn dwyflwydd yng nghefn y car roedd Marc Sbarcs, ac wrth ei ochr, yn llyfu ei wyneb, ei glustiau a'i wallt yn lafoeriog lân, yr oedd anferth o gi Alsatian yn edrych yn hynod falch ohono'i hun.

'Gadwch y diawl 'na!' Roedd y syniad yn un apelgar.

'O leia 'na un ffordd o'i gadw fe'n dawel!'

Ond yn rhy dawel yr oedd pethau wedi bod ers i Dafydd a Marc ei throi hi am America. Wrth gwrs, roedd ambell alwad ffôn, cerdyn post a neges testun yn iawn, ond roedd chwech wythnos yn amser hir, ac roedd ganddynt lawer o waith dal i fyny . . .

Drwy'r ffenest, gwelodd Ifan ei dad yn gwthio llond whilber o wellt a dom yn drafferthus tua'r domen. Edrychai mor fychan a diymadferth. Pam yn y byd roedd e'n dal i ffwdanu â'i whilber? Anobeithiodd Ifan wrth feddwl am y peiriant *Bobcat,* yr oedd ef wedi bod mor daer i'w dad ei brynu er mwyn hwyluso'r gwaith, yn segura'n anghofiedig yn y sièd ben ucha'r clos. Pam bod mor benderfynol i ladd ei hun, ni fedrai Ifan ddeall. Un cam ymlaen a dau yn ôl oedd hi gyda'i dad o hyd. Sôn am gadw ci!

'Ifan! Ma dy de di'n oeri!'

'Myn diawl i! Gad lonydd i fi, fenyw!' Syllodd yn chwyrn ar y cetyn rhwymyn oedd yn dal i addurno'i goes chwith. Nawr amdani, meddyliodd wrtho'i hun. Â'i lygaid yn hanner cau, yn araf a graddol, dechreuodd ddatod y rhwymyn. Gydag un plwc ac ochenaid o ryddhad, roedd y cyfan drosodd, a'r rhwymyn wedi ei daflu'n bentwr ar y llawr. Taflodd gip sydyn ar y clwyf, cyn tynnu anadl ddofn a chraffu drachefn. Disgwyliai waeth! Roedd y grachen wedi ffurfio'n drwch a'r crawn . . . wedi diflannu. Awyr iach! Dyna beth oedd ei angen yn awr! Awyr iach!

Sadiodd Ifan ei hun ar ei draed gan gydio yn ei ffyn baglau. Pwysodd ymlaen yn ofalus ac estyn am y ffenest i'w hagor. Gwyrodd ei ben allan drwyddi a llenwi ei ysgyfaint ag arogleuon cyfarwydd y gwanwyn yn gymysg ag ambell don sawrus, amheus o sièd y lloi a thu hwnt. O leiaf, ni allai mwyach arogli'r mwg yn ei ffroenau! Yntau wedi dechrau mynd i feddwl bod hwnnw, bellach, yn rhan o'i is-ymwybod ac na fyddai fyth ddianc rhagddo. Heb feddwl ddwywaith, trodd ar ei sawdl a chydio yn ei ffyn, y teclynnau bondigrybwyll y bu mor ddibynnol arnynt ers dychwelyd o'r ysbyty. Gydag un hyrddiad chwyrn a bloedd fuddugoliaethus, anelodd hwy cyn belled ag y medrai tua chanol clos y Gelli. Gwyliodd hwy'n torri drwy'r awyr ac yn disgyn gyda chlec a chwmwl o lwch ar y llawr islaw. Rhwbiodd ei ddwylo yn ei gilydd yn foddhaus.

Cyfrifol? Hunanol? Pwy allai ddweud, ond gwyddai Ifan yn sicr fod y weithred honno'n drobwynt yn ei hanes.

Anelodd am y stâr.

'Nawr 'te, Mam. Ble wedoch chi ma 'nhe i? Ma 'ngheg i mor sych â chesel camel!'

19

'Brêc! Brêc!'

Roedd Lowri'n decrhau chwysu. Nid ei syniad hi oedd cynnig gwers yrru i'w chwaer iau, yn enwedig ar ôl y tro diwethaf!

'Newid 'nôl!'

Wrth gwrs, nid ei bai hi, Cerys Huws, oedd e.

'Lle twp i gal llyn ta beth!' oedd ei hunig sylw wedi iddi fynd â Chorsa coch Lowri lwrw ei gefn i'r llyn hwyaid ar glos Pentalar, cartref Gwilym a'i rieni, bythefnos ynghynt. Wyddai Lowri ddim beth i'w ddweud na'i wneud. Roedd yn union fel petai'n dal clêr â'i dannedd ac yn gwbl analluog i ollwng sill. Digwyddodd y peth mor dawel a diffwdan fel nad amharwyd yr un dim ar fwynhad ei darpar rieni-yng-nghyfraith o bennod y noson honno o *Coronation Street* yr oeddent mor frwd yn ei gwylio yn y gegin gefn. Y peth cyntaf a wyddent hwy am unrhyw helynt oedd chwyrnu fan transit Gwilym yn llusgo'r car bach coch o'i orweddfan llaith. Dyna'r agosaf yr oedd Lowri wedi dod at regi ers meityn. Petai wedi digwydd yn unrhyw le heblaw am glos Pentalar, efallai y buasai wedi mwy na boddio'i mympwy!

'I'r whith! *Clutch!*'

Doedd hi ddim wedi maddau'n iawn i Cerys ers hynny. Roedd y Corsa'n dal heb sychu allan yn iawn. 'Super Sub' roedd Ifan yn galw'r car ers hynny! Ac roedd wedi cael modd i fyw gyda'i jôcs am ddŵr a hwyaid!

'I ble'r ewch chi ar ych mis mêl 'te Low? Am *gruise* bach neu lan i Ardal y Llynnoedd?' Ac roedd wedi hen alaru ar glywed sôn am *Peking Duck* a *Wil Cwac Cwac*. Dyma un o'r adegau prin hynny pan oedd Lowri'n falch o weld Marc Sbarcs. Doedd dim angen i hwnnw ddweud gair, chwaith, pan eglurwyd yr helynt wrtho, gan fod ei wyneb yn dweud y cyfan! Ond roedd wedi addo cael trefn ar bethau iddi, *jet-lag* neu beidio. Beth bynnag, efallai na fyddai'r Corsa coch gyda hi am yn hir iawn, gan fod Gwilym wedi awgrymu y gallent fynd am gar yn fwy – car pedwar drws, o bosibl, wedi iddynt briodi!

Ond dyna'r tro diwethaf y câi Cerys ddefnyddio ei char hi ar gyfer dysgu gyrru. Dyna pam mai'r Land Rover oedd ganddynt heno. Doedd bosibl y deuai unrhyw anffawd i'w rhan yn hwnnw, gan fod yr hen gerbyd ffyddlon fel tanc ar y ffordd.

'Tolia wir! Welest ti ddim mo'r arwydd tri deg 'na 'nôl yn fan'na!'

Eistedd yn dawel yn y cefn yr oedd Ifan. Yntau wedi cael ei siarsio gan ei fam, cyn mynd, i beidio ag yngan gair 'rhag gwneud pethau'n waeth'! Gallai ddychmygu wyneb ei dad petai'n clywed fod Cerys wedi ei dal yn gor-yrru yn ei Land Rover hoff nad oedd fyth yn mentro mwy na deugain milltir yr awr. Ond, os mai dyma'r unig ffordd y gallai fod yn weddol siŵr o gyrraedd y cyfarfod ar gyfer y Rali'r noson honno, roedd yn fodlon ei mentro hi! A doedd bosibl y gallai Cerys fynd i drybini ar glos eang Roberts a'i Fab Cyf., Bwydydd Anifeiliaid, gan fod digon o le yno i lorïau artíc droi 'nôl!

'Gwylia'r ci 'na!' Roedd Lowri'n dal ar bigau'r drain. Ni fu erioed yn un dda am ymlacio.

'Mwlsyn! . . . A ta beth, dwyt ti ddim yn meddwl y base'n well iddo *fe* edrych mas amdana *i*?'

Tybiai Ifan mai dyma'r adeg iddo fe ddechrau edrych allan o ffenest y cefn – cyn i bethau ddechrau mynd yn gas. Roedd yn gas ganddo weld merched yn cweryla – gormod o dynnu gwallt, crafu a sgrechian!

'Beth nawr?!' Roedd Lowri'n ymwybodol o oleuni llachar yn fflachio arnynt o'r tu ôl iddynt.

Craffodd Ifan am ennyd drwy ffenestr ôl lychlyd y jîp. Dylai fod wedi amau. Roedd rhuo teigraidd yr injan a'r ddau fys cyfarwydd a amneidiai arnynt o ffenest gyrrwr y Golf GTi du yn ddigon o sicrwydd i Ifan mai Daf oedd yn eu dilyn.

'Pam na basiff y diawl?' Roedd Cerys bellach yn anesmwytho. Ond gwyddai Ifan yn iawn fod pryfocio unrhyw un a chanddo blatiau 'D' ar ei gerbyd yn sicr o ddenu ei sylw melltithiol llawn, yn enwedig os oedd yn rhywun roedd e'n 'i nabod. Roedd wedi bwrw'r jacpot heno, ac Ifan yn y cefn hefyd.

Ochenaid o ryddhad o'r tu blaen.

'Hy! On i'n dechre meddwl na chyrhaedden ni fyth!' Braidd yn annheg, tybiodd Ifan, ond roedd Lowri wastad wedi bod yn un llym ei thafod. Serch hynny, buan y meddalodd ei thymer o weld ei Gwilym yn brasgamu'n awdurdodol ar draws y clos gan gyfeirio pawb at y swyddfa.

'On i'n dechre meddwl nad och chi'n mynd i ddod!' oedd ei gyfarchiad wrth i'r tri ohonynt ddod allan o'r jîp.

'O, wel . . . traffig!' mentrodd Ifan yn awgrymog cyn derbyn hergwd yn ei ystlys gan Cerys.

'Wel gobeitho bod 'da chi ddigon o syniade ar gyfer y fflôt 'ma, achos dyw *fflipin* Meinir ddim yn 'i hwylie gore heno o bell ffordd!'

'Fflipin PMT!' oedd awgrym Dafydd o'r GTi.

'Isie fflipin tarw teidi sy arni ti'n feddwl!' oedd unig sylw Ifan, a syllodd Lowri'n geryddgar arno. Gwyddai pawb mai rhyw gysgod o ŵr fu Emrys iddi o'r cychwyn, er gwaetha'r ffaith fod y ddau wedi bod yn briod ers dros ugain mlynedd. Ac roedd rhyw sôn fod ganddo fe, Alun Cêc, tad Gwilym, fys yn y cawl yn rhywle. Doedd fawr o ryfedd, felly, fod lorïe llwythog Roberts a'i Fab yn galw mor aml yn fferm Rhiw-ddu – ymgais i gadw'r hwch a'r baedd yn hapus, wfftiodd Ifan wrtho'i hun.

Erbyn cyrraedd y swyddfa, gallai pawb weld beth yn hollol yr oedd Gwilym yn ei olygu. Roedd hyd yn oed Dafydd a Marc yn ddigon tawedog wrth wrando ar *fflipin* Meinir yn taranu – Sbarcs yn ceisio lloches ynghanol yr aelodau iau yng nghyffiniau'r cyfrifiadur, a Daf, yntau, ger y drws yn barod i ddianc pe bai angen. Fel ysgrifenyddes cwmni Roberts a'i Fab, benthycwyr y lori ar gyfer y fflôt bob blwyddyn, roedd Meinir wedi cymryd arni'r baich o drefnu pawb a phopeth ynglŷn â'r gystadleuaeth honno yn y Rali. Roedd Ifan yn sicr y gallai Roberts a'i fab gymryd ymddeoliad cynnar iawn os oedd *fflipin* Meinir yn rheoli swyddfa'r cwmni gyda'r un awdurdod ag y rheolai aelodau Clwb Ffermwyr Ieuainc Llwynbedw. Anodd credu yr arferai hithau fod yn aelod o'r clwb rywbryd yn niwl y gorffennol cyn iddi gael ei chrafangau yn Eric, druan!

'Sa i'n moyn dim fflipin nonsens 'leni nawr!' Roedd ei llygaid yn anelu'n syth at Ifan a Daf, wrth i ddigwyddiadau'r flwyddyn gynt ddod yn ôl i'r cof. Ni allai Ifan ddeall yn iawn beth oedd yr holl ffws. Wedi'r cwbwl, hi, *fflipin* Meinir, ddywedodd wrthynt fod yn *rhaid* cael iet bren ar gyfer gardd tŷ mam-gu Elen Benfelen. A dim ond *benthyg* y iet wnaethon nhw. Daf ddigwyddodd ei gweld wrth fynd drwy Gynwyl Elfed. Fe ganon nhw'r gloch, ond doedd neb gartref. Ac roedden nhw ar frys . . . ac fe wnaethon nhw ei dychwelyd hi wedyn . . . heb yn wybod i neb . . . felly beth oedd y broblem? Anodd plesio pawb, wfftiodd Ifan wrtho'i hun.

'Ma'r busnes 'ma'n "fflipin siriys", chi'n deall!' A phwy oedd i amau hynny, â'r fath dân yn llygaid Meinir. Wedi dod yn ail â'u fflôt ddwy flynydd yn olynol, doedd dim yn mynd i'w rhwystro rhag cyrraedd y brig y tro hwn.

'Ffilm yw'r teitl 'leni, felly dewch â'ch syniade!'

Daeth aml ochenaid o bob cwr o'r ystafell wrth i'r

criw sylweddoli fod yn rhaid iddynt hwythau ddefnyddio'u dychymyg yn hytrach na chael Meinir i'w bwydo â syniadau.

'Beth am *Jaws*?' mentrodd Sbarcs yn llawn brwdfrydedd o'r gornel, gan aflonyddu ar y criw o'i gwmpas gyda'i ruo pwrpasol.

'Ie, fe alle Daf wneud y job yn iawn,' gan amneidio'n awgrymog tuag at wddf cleisiog Siân.

'Wyt ti'n un pert i siarad! Beth am y *Six Million Dollar Man . . . We have the power to rebuild him!'*

Pyliau o chwerthin a siffrwd.

'Shakespeare in Love?' mentrodd Siân, gan gynnig winc sydyn ar Dafydd.

'Dim gobeth! Weli di fyth mohona i mewn pâr o *deits*, alla i fentro gweud wrthot ti!'

Erbyn hyn, roedd yr ystafell yn llawn chwerthin wrth i ddychymyg pawb fynd yn drech na nhw. Syllodd *fflipin* Meinir yn chwyrn ar Gwilym.

'A gawn ni 'chydig o synnwyr nawr os gwelwch yn dda?'

Gyda hynny, dyma ddrws y swyddfa'n chwipio ar agor. Doedd dim eisiau gofyn – Morys Bach!

'Sori 'mod i'n hwyr . . .'

Ond er disgwyl am eglurhad pedair coes am ei anallu i fod ar amser, synnwyd y criw gan ymateb nesaf Morys.

'Y babi . . . fe hwdodd . . .'

A chyn iddo fedru yngan yr un gair arall, roedd yr ystafell yn ferw o chwerthin wrth ddychmygu Morys

Bach yn hŵd babi drosto! Daeth hyd yn oed gwawr o feddalwch dros wefusau *fflipin* Meinir er cymaint ei hanniddigrwydd gydag arafwch y cyfarfod. O'r diwedd, cafodd gyfle i ychwanegu ei syniadau hithau i'r drafodaeth.

'Wel, os nad o's 'da chi unrhyw syniadau o werth, fe wna i benderfynu drosoch chi . . . beth am *Tân ar y Comin*?'

Bu bron i Gwilym dagu ar ei Dic-Tacs.

Yna tawelwch llethol.

'Wel?'

'Amserol iawn!' sibrydodd Dafydd yn araf yng nghlust Ifan cyn rhoi pwt iddo yn ei ystlys â'i benelin barod.

Cochodd wyneb Lowri drosto, ond ni lwydddodd hithau, hyd yn oed, i yngan yr un gair.

''Na ni 'de! Pawb yn hapus! Grêt! Brwsys paent a syniade'n barod erbyn nos Fawrth – saith o'r gloch . . . ar y dot! Diolch!'

A chyda hynny, dyma *fflipin* Meinir yn cydio yn ei ffeil a'i beiro ac yn brasgamu'n foddhaus o'r ystafell fel petai'n gadfridog wedi ennill rhyfel.

'Cofia gloi'r drws a diffodd y gole, Gwilym!' oedd ei hergyd olaf cyn cau'r drws yn glep o'i hôl.

O synhwyro fod y cyfarfod ar ben, buan yr ymchwyddodd y sgwrsio a'r tynnu coes. Trodd Cerys at Ifan a gwên lydan ar ei gwefusau gan ysgwyd allweddi'r jîp yn awgrymog i'w gyfeiriad.

'Paid â'n atgoffa i!' sibrydodd dan ei anadl.

20

'Wyt ti'n gweld rhwbeth?'

'Dim . . . dim byd.'

'Mor dywyll â bola buwch on i'n mynd i weud . . .'

Isel a hir fu'r ochenaid i gyfarch geiriau Wil Ifans, Llety. Anodd gwybod ai bwriadol ei sylwadau ai peidio, ond am chwarter i ddeg ar nos Wener wlyb ar ddiwedd mis Ebrill, a'i law yn ddwfn ym mhen-ôl Gelli Matilda'r IV, doedd fawr o ots gan Ifan un ffordd na'r llall. Y cyfan a wyddai oedd mai fe oedd ar ei golled unwaith eto, heno, o gofio fod y bws mini dathlu pen-blwydd Marc Sbarcs wedi gadael am y clwb nos yn Ninbych-y-pysgod ers tro. Roedd wedi newid a phopeth, ac wedi plastro'i hun â'r Ralph Lauren a gafodd yn anrheg gan Lowri'r Nadolig cynt ac a fu'n gori yn ei focs yn ei ddrôr pans ers hynny. Ac roedd wedi hanner addo cwrdd â Gwenith Pantllwyd – neu o leiaf roedd Dafydd wedi addo drosto! Ond roedd Tomos Huws yn daer na allai e fentro mynd i'r afael â Matilda ar ei ben ei hun, a hithau'n fuwch sioe. A sut fedrai Ifan wrthod, mewn gwirionedd, o gofio trafferthion y misoedd diwethaf? Roedd baich gwneud gwaith dau wedi gadael ei ôl, yn amlwg, ar ei dad – diffoddodd rhywfaint o'r sbarc o'i lygaid a thorrwyd ychydig ar ei ysbryd wrth i'r rhychau dreiddio'n ddyfnach i groen ei dalcen a'i ruddiau gwydn. Felly, roedd gweld ei fab yn ailgydio yn yr awenau yn sicr o roi boddhad iddo, beth bynnag am drefniadau amgen Ifan.

'Wel hwp dy law miwn ymhellach 'de!'

'Dw i'n gwbod yn iawn le licen i hwpo'n law,' wfftiodd Ifan wrtho'i hun. Ond yn ffodus i Wil Ifans, roedd y tu hwnt i'w afael y funud honno. Hap a damwain oedd hi ei fod wedi digwydd galw yn y Gelli y noson honno. Eisiau trafod contractwyr silwair, neu rywbeth, medde fe. Ond roedd rhywbeth fel hyn wrth ei fodd – cael bod yn rhes flaen y fath ddigwyddiad pwysig a hynny heb dalu ceiniog am y fraint! Felly, gyda dau ymgynghorwr o fri wrth ei benelin, ni allai Ifan wneud dim o'i le!

Ymbalfalodd Ifan yn ddyfnach yn ymysgaroedd Matilda. O leiaf, os oedd naws llwydrew y tu allan, roedd ei fraich dde yn gynnes braf yn y man lle'r oedd, er nad oedd yr olygfa'n un i'w chanmol.

'Pryd ddath hi â'i phledren ddŵr?' holodd Wil ymhellach wrth syllu ar y pentwr perfeddog yn y gwellt o'i flaen a thanio ffàg yr un pryd.

'Ryw awr 'nôl,' atebodd Tomos gan rwymo penwast Matilda'n dynnach am y iet.

'Llonydd fuase'n dda!' wfftiodd Ifan dan ei anadl. Beth oedd yr ots am amseru'r bledren ddŵr!

''Ma'r gôs 'no!' Gallai Ifan deimlo rhywbeth solet yng nghledr ei law.

'Dim ond un?' Gwthiodd Tomos ei law i boced ei drowsus am rywbeth i'w sugno.

Rhoddodd Ifan blwc gofalus nes gwneud i lyged Matilda neidio ar agor yn fawr.

'Rhaid mai côs ôl yw hi, achos sdim sôn am ben!'

'Dim pen!' Rhensiai Tomos ei Rennies yn chwyrn erbyn hyn. Nid dyma fel yr oedd e wedi dychmygu dyfodiad llo cyntaf Shadrach, druan, i'r byd. A chyda Wil Ifans yn dyst i'r cwbwl, fyddai dim modd cadw'r peth yn gyfrinach am yn hir!

'Heb gyrradd o hyd?' Gwthiodd Beryl Huws ei hun yn llwythog gan de a phice bach drwy ddrws y sièd.

'Dodd dim fel cynulleidfa,' ysgyrnygodd Ifan dan ei ddannedd wrth dynnu ei fraich allan a'i phlannu yn y bwced dŵr poeth wrth ei sawdl. Taflodd ddŵr drosti i fyny hyd at ei ysgwydd yn y gobaith y byddai hynny'n prysuro pethau. Rhoddodd un cynnig arall arni wrth i Wil a'i dad ymgolli yn y Tetley.

Troed . . . coes . . . cwt . . . coes arall . . .

'Fet! Bydd rhaid cael fet! Sdim gobeth y daw e fel 'na!'

Bu bron i Tomos losgi ei dafod ar ei de wrth ddychmygu cyllell finiog Parri'r milfeddyg yn hollti cnawd sgleiniog ei annwyl Fatilda.

'Sdim ffordd arall?' Buasai'n fodlon trio unrhyw beth i osgoi'r fath gam eithafol.

'Dim os ŷch chi am achub Matilda!'

'Wel Shadrach, Shadrach!' ychwangeodd Wil Ifans yn foddhaus wrth ymfalchïo yn y ffaith efallai nad oedd technoleg fodern yr hyn a ddylai fod.

Twriodd Ifan yn ei boced am ei ffôn gan fyseddu rhif Parri'n waedlyd drafferthus.

'Fydd e 'ma mewn deg munud . . . Jobyn *sun-roof* wedodd e!'

‘Beth?’ Roedd y crychni ar dalcen Beryl yn adlewyrchu ei phenbleth.

‘*Caesarian* ma fe’n ’i feddwl,’ ochneidiodd Tomos Huws yn drwm cyn plannu ei ddannedd dodi’n ddwfn i’w gacen gwrens.

‘Wel gobeith’o y byddi di’n fwy o ddyn na fe Morys Bach, ’no Ifan!’

‘Fydd dim isie ocsigen arna i, dw i’n addo, Wil Ifans!’

‘Pump cant o ddefed ne beido – rodd rhaid ’i bod hi’n sioc iddo fe, druan, a Llinos yn geni fel ’ny ar lawr y gegin!’ Roedd Beryl yn llawn cydymdeimlad, fel y gellid disgwyl.

‘Ond fe fynnodd fynd i odro gynta, a hithe wedi bod yn dost drw’r nos!’ Roedd gafael Beryl ar y ffeithiau’n sicr.

‘O leia, dath Llinos i ben â cherdded i’r ambiwlans wedyn . . . yn wahanol iddo fe, Morys Bach, ar ’i stretshyr!’

‘Ie wel,’ trodd Wil yn amddiffynnol. ‘Sdim un ffarmwr yn lico gweld menyw mewn pôn!’

Rhyfeddai Ifan at gydymdeimlad diffuant Wil â’r rhyw deg, er nad oedd wedi cael y cyfle i weld ei Beti ef yn y fath gyflwr, a hwythau’n ddi-blant.

‘Pôn yw Morys Bach o fys mowr ’i drôd hyd big ’i gap, Wil bach!’ ychwanegodd Ifan wrth iddo ddal i gysuro Matilda, druan.

‘Ond ma fe mlân â ti ’da’r menwod ’no, Ifan bach!’

Dychwelodd Wil ei gwpan i Beryl cyn gorseddu ei hun unwaith eto ar y iet o'i flaen i dynnu ffàg arall.

Petai ei gymydog ond yn gwybod hanner y stori efallai na fyddai mor barod â'i sylwadau heriol.

'Heb godi'n ddigon bore i osgoi'r fagal odd e, Wil!' Ond roedd hwnnw'n rhy brysur yn llyfu ymyl Risla i wneud unrhyw sylw pellach.

'Ond beth am Mari?' Ei fam. Roedd Beryl Huws yn awchu am gyfle i gael twrio i fywyd carwriaethol ei mab gan na ddatgelai Ifan yr un bripsyn o wybodaeth amdano pe gallai beidio. Ond, byddai'n rhaid iddi ddysgu tymheru ei chwilfrydedd.

'Mam fach, ma honno wedi hen ga'l tarmac!'

'Beth?' holodd ei fam yn ddryslyd. Un o wendidau pennaf dynion, hyd y gwelai hi, oedd siarad mewn damhegion, ac roedd yr holl ddili-dalio bron â'i gyrru o'i chof.

'Hewl ma fe'n feddwl, Ber!' eglurodd Tomos.

Diolchodd Ifan mai cyrcydu wrth ymyl Matilda yr oedd yr eiliad honno neu fe fuasai ei wyneb wedi datgelu llu o wirioneddau wrth y cwmni craff. Pedwar mis, tair wythnos a dau ddiwrnod. Roedd cymaint â hynny o amser wedi mynd heibio ers iddo weld Mari y noson honno yn swyddfa'r Gelli. Pedwar mis, tair wythnos a dau ddiwrnod hir a phoenus o ystyried, hel meddyliau, rhoi'r byd yn ei le – a dim byd. Doedd dim sôn amdani, heblaw am y garden, wrth gwrs. Nid na fu'n trio. Eisiau dweud sori. Eisiau trio eto, efallai.

Tudalen lân. Pwy a ŵyr? Ond hi oedd yn gwrthod ateb nawr. Negeseuon ffôn, negeseuon testun; ni dderbyniodd air oddi wrthi. Rhaid bod Caerdydd yn le da i ddianc iddo, meddyliodd Ifan wrth sodli'r gwellt o dan draed â'i welis.

Gyda hynny, gwelwyd golau cerbyd yn disgleirio i mewn i'r sièd o'r clos.

'Am amseru!' ebychodd Ifan ei ryddhad.

'Wel, gyfeillion,' dechreuodd Wil eto, 'ma'n well i fi 'i throi hi. Wedi addo cau'r ffowls i Beti!' ychwanegodd cyn ei throi hi tua'r drws. Un da oedd Wil am esgusodion pan fynnai, oherwydd gwyddai pawb yn iawn fod Beti'n ddigon abal i gau ei ffowls ei hun, gan mai hi fu'n gyfrifol am wneud hynny dros y blynyddoedd. Esgus cyfleus oedd y ffowls i osgoi'r gyflafan waedlyd oedd ar fin digwydd yn sièd y Gelli. Ymfalchïai Wil nad oedd yr un *Caesarian* wedi bod yn Llety erioed, a dechreuodd Ifan amau pam. Tybed a oedd rhywfaint o ffobia Morys Bach yn perthyn i'r hen Wil ar adegau felly? Ond buan yr arafodd ei gam wrth sylweddoli nad Parri'r Fet oedd yno wedi'r cwbl. Corsa coch Lowri oedd wedi sgubo i'r clos mewn cwmwl o lwch gan ddirwyn yn ffyrnig i stop yn dynn wrth wal ffrynt y Gelli.

'On i'n meddwl 'i bod hi wedi mynd ar y bws,' cynigiodd Beryl wrth gofio am Ddinbych-y-pysgod.

'Trwbwl ym mharadwys?' awgrymodd Wil yn gall wrth glywed drysau'n clampan ym mhen ucha'r clos.

Ond cyn i neb fedru dadansoddi'r sefyllfa ymhellach

roedd wyneb dagreuol Lowri wedi ymwthio trwy ddrws y sièd a Cerys yn dynn wrth ei sodlau. Trawyd Tomos yn ei asennau gan yr hambwrdd wrth i Beryl brysuro tuag at eu merch hynaf i'w chysuro.

'Lowri annwl! Beth sy?'

'O! Mam!' Ymddangosai Lowri fel petai'n tagu wrth geisio cael gafael mewn geiriau a chael ei gwynt ati yr un pryd. Cododd Wil fflap frethyn ei boced a gosod allweddi ei Land Rover yn ôl ynddi'n araf, ofalus, rhag colli dim.

'Y briodas . . .' Dechreuodd foechen drachefn. Cododd Cerys hithau ei hysgwyddau ac ysgwyd ei phen i ddynodi nad oedd ganddi hithau syniad beth oedd y broblem. Gwasgodd Beryl law Lowri'n dynnach i'w chysuro.

'Cymer di dy amser nawr ac anadla'n ddwfwn.' Syllodd yn daer ar Tomos ac Ifan am arweiniad, ond roedd sylw'r ddau wedi hoelio cymaint ar Matilda nes bron nad oedden nhw wedi sylwi ar y ddrama fawr o'u blaenau. Roedd Wil, ar y llaw arall, wedi anghofio'r cwbwl am ei ffowls, a bellach yn clwydo drachefn wrth y iet bellaf.

Gollyngodd Lowri ochenaid ddofn cyn ail-ddechrau, 'Y briodas . . .' Amneidiodd Beryl ei hanogaeth iddi barhau â'r stori.

Ychwanegodd Lowri'n dawel, 'Fydd 'na ddim priodas!'

Dechreuodd llygaid Beryl chwyldroi'n chwyrn yn ei phen mewn panig.

'Dim priodas?' Roedd hi'n amlwg mewn sioc. 'Pam?' Dechreuodd ei meddwl lenwi â llu o bosibiliadau a fyddai'n egluro datganiad syfrdanol ei merch.

'Gwilym! Fe ladda i e pan ga i afel yn y cythrel . . .'

'Na, Mam!' protestiodd Lowri wrth sychu ei thrwyn. 'Nid bai Gwilym . . . nid bai Gwilym o gwbl.'

Taflodd Ifan gip sydyn ar ei oriawr gan nodi fod chwarter awr wedi mynd. Roedd Matilda, bellach, yn gorwedd mor esmwyth ag y gallai ar ei hyd ar lawr gwelltog y sièd gan ganiatáu ysbaid iddo ef a'i dad wrando'n fanylach ar y stori.

'Bai Alun yw'r cwbwl . . . Elsie wedi'i ddala fe'n ca'l affêr!'

'Affêr!' Roedd Beryl yn syfrdan. 'Gyda phwy?'

'Glenda A.I.?' Wil.

'Y flonden yn y banc?' Tomos.

'*Fflipin* Meinir!' Ifan.

Roedd y merched yn y cwmni'n gegrwth wrth i'r gwŷr yn eu mysg awgrymu'r fath restr bosibiliadau. Gollyngodd Lowri sgrech boenus a rhuthro allan o'r sièd mewn cywilydd wrth sylweddoli dyfnder y broblem. Cilhaodd llygaid Beryl hithau'n sylweddol wrth geisio pwyso a mesur y dystiolaeth o'i blaen. Roedd hi'n amwlg fod rhyw gynllwyn yn y gwynt ac mai ar gyfer clustiau dynion yn unig yr oedd. Doedd bosib na allai rhywun fod wedi dweud rhywbeth wrthi. Tomos? Ifan? Wil?

'Trugaredd!' Ysgydwodd ei phen mewn anobaith cyn troi ar ei sawdl a dilyn Lowri i'r tŷ.

'O leia allwch chi anghofio'ch 'top hat' nawr 'no!' mentrodd Ifan gan dorri ar y tawelwch llethol.

Dechreuodd Wil Ifans ymbalfalu ym mhocedi ei siaced a'i drowsus yn ofalus.

'Wedi colli rhwbeth, Wil?' holodd Tomos yn bwyllog.

'Na . . . dim ond whilo arian.'

'Arian . . . i beth?'

'Whant peint bach yn y Cwm ar y ffor' adre . . .' ychwanegodd yr hen gadno'n ddiniwed wrth i lampau llachar Parri'r fet oleuo'i gam tua'i Land Rover.

21

Bu'n ddigon stormus yn y Gelli'r noson honno. Rhaid ei bod hi'n tynnu am dri o'r gloch y bore cyn i bawb gyrraedd eu gwelyau a hyd yn oed wedyn bu cwsg yn araf yn dod. Bu yno lawer o golli dagrau, cysuro a thrafod, cnocio pennau yn erbyn y wal a throi mewn cylchoedd. Hyd yn oed wythnos yn ddiweddarach, a hithau'n ddiwrnod Rali'r Sir, nid oedd Tomos a Beryl Huws wedi llwyddo i lwyr argyhoeddi eu merch nad oedd angen iddi boeni gan y byddai popeth yn troi allan yn iawn yn y diwedd.

'Nonsens!' oedd unig ymateb Beryl i'r syniad o ganslo'r briodas erbyn hynny. Roedd popeth wedi'i drefnu, y blodau, y gwisgoedd, y wledd, y mis mêl; a chyda llai na chwe wythnos ar ôl, roedd y gwahoddiadau i gyd wedi eu hysgrifennu ac yn barod i'w postio. Ar ben y cwbl, roedd gan Beryl het wellt grand, ddau gan punt, yn eistedd yn y cwpwrdd dillad yn barod i'w gwisgo. Petai Tomos ond yn gwybod! Mae'n sicr y gallai e ddweud mewn chwinciad sawl tunnell o wellt y gallai e ei gael am y llond dwrn a aeth i wneud ei het hi. Ond roedden nhw'n sôn am briodas Lowri, a chyn belled â'i bod hi, Beryl, yn y cwestiwn, doedd arian ddim yn cyfri.

Roedd Ifan wedi hen ddiflasu ar yr holl beth. Roedd pawb, heblaw Elsie efallai, wedi clywed y sïon am wendid Alun Roberts am ferched, felly doedd y ffaith fod y sibrydion hynny wedi eu cadarnhau o fawr wahaniaeth yn y pen draw. Ond perffeithydd fu Lowri erioed, yn wahanol iddo fe a Cerys, felly roedd rhywbeth fel hyn yn sicr o'i bwrw oddi ar ei hechel. Weithiau amheuai a oedd Lowri'n perthyn iddynt o gwbl, gymaint ei ffws ar adegau. Diolchai Ifan fod ganddo ddigon o ymarferion Rali i ddianc iddynt yn ystod yr wythnos. Roedd hyd yn oed wedi treulio awr neu ddwy yng nghwmni'r cystadleuwyr trefnu blodau, er bod Daf a Sbarcs yn argyhoeddedig fod gan bresenoldeb Linda Rhewl yno rywbeth i'w wneud â hynny. Gwadu'n chwyrn a wnâi Ifan, er bod rhaid iddo gyfaddef fod ganddi ryw ddawn arbennig wrth stripio dail oddi ar goesau annhymig!

'Ble ma'r ffreipan?' Daeth cri Cerys o'r gegin gefn.

Roedd hi'n amlwg fod ei meddwl hithau ar y gystadleuaeth coginio pancws. Ymbalfalodd Ifan yntau ym mhocedi ei drowsus i sicrhau fod y clustdlysau a roddodd ei fam iddo i'w gwisgo ar gyfer y fflôt yn ddiogel. Diolchai mai *clip-ons* oeddent ac nad oedd angen iddo fecso am dyllu unrhyw ran o'i gorff! Tybiai ei fod wedi gweld digon o waed am un flwyddyn o leiaf!

'Bŵt y car . . . dan y . . . welis!' mentrodd Ifan.

'O! Nid yr XR2!' Roedd wyneb Cerys yn bictiwr wrth iddi ddwyn cyngor Gwyneth Byns ynglŷn â glanweithdra i'w chof.

'Ifan!' Roedd hi'n amlwg nad oedd eu mam wedi ei phlesio lawer ganddo chwaith.

'Ac o's rhywun wedi gweld y'n Rennies i?' holodd Tomos yntau'n ddiamynedd obeithiol.

O leiaf gwyddai Ifan nad oedd y rheini ym mŵt y car, beth bynnag am yr annibendod arall oedd yno!

Rhaid ei bod hi'n agos i chwarter wedi naw erbyn i deulu'r Gelli gyrraedd maes Rali'r Ffermwyr Ifanc ar gyrion Caerfyrddin. Hanner awr wedi wyth oedd y nod, ond wedi sicrhau fod popeth ganddynt a bron llusgo Lowri gerfydd ei gwallt i'r car, gan gymaint yr oedd y syniad o 'wynebu pobl' yn wrthun iddi, buan yr aeth yr amser yn drech na nhw. Yn yr Audi yr aeth y merched, tra dilynai Ifan hwy'n wylaidd yn ei hoff gerbyd gorlawn yntau, yn byst ffensio, papur wal a photiau blodau i gyd. Tybiai mai gwell oedd cydymffurfio â'r drefn ar yr achlysur hwn, yn enwedig gan fod ei dad, Tomos Huws, wedi gwrthod yn lân â dod i'r Rali, gan fod ganddo fe ormod o waith llenwi pasborts a thrin tir i'w wneud, medde fe. Ac i ffwrdd ag e gan refio a mygu tua Bryn Eithin yn y Lambourgini.

'Ifs! Fan hyn!' Roedd y llais yn gyfarwydd wrth i Ifan dwrio am fasged goginio Cerys ar sedd gefn yr XR2. Roedd Marc a Dafydd eisoes wedi dadlwytho eu hoffer ffensio ac yn awchu am gael dechrau. Ond wrth i Ifan agosáu tuag atynt fe'i trawyd gan arogl Brut yn ymdonni'n gryf tuag ato uwch arogleuon porfa ffres, defaid a dom da, oedd yn fwy cyffredin i Rali'r Ffermwyr Ifanc. Doedd dim eisiau gofyn.

'Sbarcs! Beth sy mlân 'da ti?'

'Beth wyt ti'n feddwl?'

'Y drewdod 'ma!'

'Wel, os na ga i fenyw heddi . . .' eglurodd gyda winc ddireidus gan amneidio at y bocs bach du oedd ganddo ym mhoced uchaf ei got wen.

'A ma fe wedi ffeindio iws iddyn nhw'n barod!' eglurodd Daf yn llawn melltith.

'Do's bosib!' Roedd Ifan wedi ei synnu.

'Na! Sdim isie i ti fecso, Ifs bach! Wedi rhoi un am egsôst Alun Cêc – syrpreis bach ar y ffor' adre!'

Diolchodd Ifan ei fod yn rhedeg ychydig yn hwyr y bore hwnnw, oherwydd wiw iddo ef gael ei gysylltu â'r fath felltith, a Lowri fel yr oedd. Byddai angen mwy nag ychydig rwber i'w ddal e at ei gilydd petai ei fam yn cael gafael arno wedyn!

'Barod, bois!' Bu bron i Ifan ollwng ei forthwyl mawr ar fys bawd ei droed mewn braw o glywed llais Gwilym y tu ôl iddo, tra bod y ddau arall yn ceisio'u gorau i fygu eu chwerthin. Edrychai'n ddigon calonnog o gofio trafferthion yr wythnos ddiwethaf.

'Odi Lowri . . .?'

'Wedi mynd 'da Mam i ga'l disied cyn dechre,' eglurodd Ifan, gan gyfeirio at y garafán fwyd o flaen y sièd fawr.

'Falle af i . . .'

'Ie. Welwn ni di wedyn, Gwil!'

'Ma rhwbeth i weud dros ga'l cyfreithwr yn y teulu 'fyd!' doethinebodd Sbarcs wrth dwrio am ei staplau, ond erbyn hynny, roedd Gwilym yn glyd yn ei fyd bach ei hunan ac yn brasgamu'n dalog tua'r sièd fawr.

A gwir y gair. Yno yng nghysgod y sièd roedd Lowri a Beryl Huws yn magu coffi llaeth yr un. Nid oedd Lowri hyd yn oed wedi sylwi ar Gwilym yn dod tuag atynt, gymaint y ceisiai osgoi edrychiad hwn a'r llall, er bod ei mam yn ddigon hyderus yn cyfarch cydnabod wrth iddynt brysuro i gystadlaethau amrywiol ymhob cwr o'r maes. Nid oedd Lowri wedi siarad â Gwilym ers wythnos. Yntau wedi bod yn rhy brysur yn ceisio cysuro'i fam a rhoi trefn ar ei dad a'r busnes yn sgil ymadawiad annisgwyl, ond anorfod, *fflipin* Meinir. O adnabod Lowri, tybiai mai gwell gadael i'r dwst setlo cyn mentro eilwaith i ffau'r llewod. A phwy allai ei beio. Yn wyneb yr holl ansicrwydd ynglŷn â'i chefndir cymhleth hi, tybiai Lowri a Gwilym, fel ei gilydd, y gallent dderbyn swcr oddi wrth sefydlogrwydd tybiedig bywyd cartref ym Mhentalar a'i rieni ef. Ymddangosai popeth yn gwbl normal a syml. Wrth gwrs, roedd yntau wedi clywed digon o dynnu coes am berthynas ei dad â Meinir, ond onid oedd pob gŵr busnes yn cael ei bryfocio ynglŷn â'i berthynas â'i ysgrifenyddes? Ac oni ddylai ef, fel unig blentyn, fod wedi sylwi ar ryw ddirywiad yn y berthynas rhwng ei rieni? Ac nid ffŵl mohono – o leiaf, dyna a dybiai cyn y busnes hwn. Beth bynnag, yn ei ddwylo ef yr oedd awenau busnes Roberts a'i Fab, Cyf., bellach, ac roedd wedi taro ar gynllun pendant i achub enw da'r cwmni – hynny yw, os cytunai Lowri.

'Gwilym!' Beryl oedd y cyntaf i dorri'r garw, 'Shwt ma pethe?' mentrodd heb wybod yn iawn sut na ble roedd dechrau. Dechreuodd ymbalfalu yn ei bag llaw am ei ffôn gan geisio osgoi llosgi ei hun â'i choffi, ond yn ofer.

'O'r mowceth!' ebychodd wrth synhwyro anesmwythyd y cwmni. Rhaid i fi ga'l menthyg ffôn Ifan . . . Wedi anghofio gweud wrth dy dad am dynnu stecen fach mas o'r rhewgell i swper! . . . Wela i chi nes mlân!'

Ac i gyfeiliant sip bag llaw'n cau, i ffwrdd â Beryl ar ras tua'r gorlan ffensio. Daeth rhyddhad i gymryd lle'r gwrid ar wynebau Gwilym a Lowri.

Roedd y gystadleuaeth ffensio yn ei hanterth erbyn i Beryl gyrraedd. Er mai esgus cyfleus oedd y stêcs ar y dechrau, roedd arogl amheuthun cig wedi'i grilio, bellach, yn llenwi ei ffroenau, a doedd dim, boed yn stiward, beirniad na chystadleuaeth ffensio yn mynd i'w chadw hi rhag ei swper. Heb feddwl eilwaith, crymodd Beryl o dan y rhaff a rannai'r cystadleuwyr oddi wrth y cyhoedd ac anelu'n syth at siaced ddenim Ifan oedd yn bentwr anniben ar lawr wrth ei focs twls. Fel y tybiodd. Cydiodd yn y Nokia a dechrau deialu'n frwd. Ond cyn iddi orffen y rhif, dechreuodd y ffôn bipian a chrynu'n afreolus.

'O! Beth sy?' Dechreuodd daflu'r ffôn yn ôl ac ymlaen o un llaw i'r llall fel pe bai'n daten boeth. Oedodd. Stopiodd y sŵn a'r crynu.

'Beth nawr?' Sylwodd fod neges wedi ymddangos ar y sgrîn. Meddyliodd.

'Y botwm gwyrdd,' sibrydodd wrthi ei hun. A chydag un gwasgiad, datgelwyd y cynnwys:

'Rhd dy wld. Psg. M. x.'

'Rhaid bod y batris ar ben!' meddyliodd drachefn, gan mor ddisynnwyr gynnwys y neges. Gwasgodd *Delete* heb feddwl eilwaith er mwyn cael parhau â'i neges hithau. Ond, er deialu eilwaith a thro, canu a chanu mwy, ni chafodd yr un ymateb o'r Gelli.

'Dynion!' wfftiodd. 'Ca'l cyntun wedi cino sbo!' A heb feddwl mwy, stwffiodd y ffôn yn ddiseremoni i'w bag llaw a'i throi hi am y sièd fwyd, lle roedd Cerys yn brysur â'i phancws.

'Whiw! Dansieris!' Trodd Ifan a Dafydd eu sylw ar unwaith at Marc Sbarcs gan ofni ei fod yn cael trafferthion.

'Am beth wyt ti'n frowlan?' holodd Dafydd yn ddiamynedd.

'Hyd sgert hon'co!' eglurodd Sbarcs gan amneidio at ferch ifanc luniaidd oedd newydd fynd heibio. Doedd dim hyd yn oed cystadleaueth Rali'n ddigon i gadw meddwl Marc oddi ar y rhyw deg!

'Ifan!'

Cododd Ifan ei ben o'i forthwylio i weld Lowri a Gwilym yn sefyll yno.

'Popeth yn iawn?' Dewis anffodus o eiriau, efallai, meddyliodd y brawd yn rhy hwyr.

'Wyt ti wedi gweld Mam?'

'Wel odd hi fan hyn funud 'nôl!' edrychodd Ifan o'i gwmpas mewn penbleth.

'Jyst gwêd wrthi, pan weli di 'ddi, bod Gwilym a finne'n slipo gatre am sbel!'

'O ie!' mentrodd Sbarcs yn awgrymog.

Amneidiodd Ifan ei ddicter wrth ei gyfaill.

'Isie dala'r post! . . .'

'O ie!' meddai Ifan y tro hwn.

Ailgydiodd yn ei forthwyl. Roedd pethau'n dechrau dod i'w lle unwaith eto!

22

'Sydyn iawn . . . Dim poen.'

Dyna eiriau'r doctor. Ond doedd hynny'n fawr o gysur i neb yn y Gelli. Petai ond wedi cael rhybudd yn gyntaf. Doedd neb wedi ei glywed unwaith yn achwyn ei galon. Ychydig o losg cylla, dyna i gyd. Ond y ffaith ei fod ar ei ben ei hun, yn unig, heb neb i ddal ei law – hynny oedd yn ofid i Beryl. Roedd ganddo deulu a oedd yn ei garu, a allai fod yno i'w gysuro. Ond na! Ble roedd pawb – yn jolihoetian tua Chaerfyrddin. Ymbalfalodd yn ei phoced am hances.

Ond dyna ni, arno fe roedd y bai, meddyliodd eto. Ei ddewis e oedd aros gartre. Fe a'i Rennies! Doedd dim brys mawr i gael y peiriannau silwair yn barod. Petai ond wedi aros, wfftiodd Beryl, fe allai Ifan fod wedi ei helpu!

Gwthiodd Mam-gu Llwyd Bolo'n sicr i'w llaw.

Ifan druan! Gwasgodd ei hances dan ei llygaid yn araf. Roedd hi'n fore Sul arno fe'n cael clywed. Petai hi ond wedi rhoi'r ffôn 'nôl ym mhoced ei siaced yn syth, wfftiodd. Hunanol fyddai hynny wedyn – sbwylio'r hwyl. Hi, Beryl, a rwystrodd Wil Ifans rhag mynd i chwilio amdano. Roedd y merched wedi dychwelyd yn gynnar – Lowri'n llawn cyffro fod y briodas yn ôl ar y cledrau unwaith eto, a Cerys yn reit ddiflas ar ôl cael dim ond y drydedd wobr am ei phancws. Doedd Beryl ddim wedi sylwi bod y gwartheg heb eu godro a'r brechdanau cinio heb eu bwyta.

'Isie gorffen y gwaith ar y bryn gynta, siŵr o fod!' oedd ymateb ffwrdd-â-hi Beryl. Ond wrth i dipiadau'r cloc brysuro tuag at saith, wyth o'r gloch, dechreuodd ambell gloch larwm ganu yn ei phen. Felly, yn ei welis a'i dillad bob dydd, trodd ei golygon tua Bryn Eithin, a Bollt, y ci, wrth ei sodlau.

Bu'n araf iawn yn gwneud synnwyr o'r olygfa a'i hwynebai pan gyrhaeddodd y cae. Nid dyna beth roedd wedi ei ddisgwyl o gwbl. Tomos ar ei benliniau'n trwsio rhyw beiriant neu gilydd, neu Tomos yn cwrso rhyw fuwch anystywallt, efallai, ond nid Tomos . . . yn y Lambourgini . . . yn farw gelain!

Rhaid ei bod wedi sgrechian, sgrechian a sgrechian, er na allai Beryl gofio clywed dim o hynny nawr. Gallai gofio'r tawelwch – y tawelwch oedd yn llenwi ei chlustiau ac yn peri i'r olygfa a oedd yn ei hwynebu ymddangos mor afreal. Y tawelwch oedd fel blanced yn cau sŵn sïo tawel yr injan a baldorddi cyson y radio o'i chlyw, nes troi ei holl fod yn ynys unig ymhell, bell o'r byd a chyrraedd dyn.

Yn ei dyblau'n dal ei ben, a'r dagrau'n araf dreiglo dros ei gruddiau gwelw yr oedd hi pan gyrhaeddodd Lowri a Gwilym. Gwyddent o'r cychwyn nad oedd dim y gallent ei wneud. Doedd dim y gallen nhw na neb arall ei wneud. Roedd yn oer, fel marmor o oer; ei groen yn dyner, dyner, a'r rhychau ar ei ruddiau fel petaent wedi meddalu. Edrychai mor berffaith. Yn ddianaf berffaith, ond eto'n farw.

*　　*　　*

Dechreuodd alaw 'Deep Harmony' atseinio o grombil yr organ fawr y tu ôl i'r pulpud gan ddeffro Beryl o'i myfyrdod. Byseddodd y geiriau ar y daflen o'i blaen ond ni fedrai eu hyngan. Er nad oedd Tomos yn gapelwr selog o gwbl, teimlai Beryl wacter wrth ei hymyl. Dim ffwndro lletchwith nac ymbalfalu fel plentyn am finten i fyrhau'r oedfa. Estynnodd am law Cerys wrth ei hochr a'i gwasgu'n dynn. Ni fedrai edrych i'w hwyneb. Wiw iddi edrych arni yn ei gwendid, a hithau'n tybio ei bod mor gryf. Roedd cynhesrwydd y dagrau a ddisgynnai ar law'r fam yng nghôl ei merch yn ddigon i beri i Beryl sylweddoli y gwnâi gwasgiad bach fwy o les iddi na dim. O eistedd fel yr oeddent yn sedd flaen Capel Bethania, dim ond y teulu agosaf oedd yn dyst i'r dagrau. Droeon yn ystod y dyddiau diwethaf ceisiodd Beryl egluro nad arwydd o wendid oedd llefain, o gwbl. Ond cyndyn i fynegi ei gwir deimladau oedd Cerys ar y gorau. Heddiw, serch hynny, wrth i'r arch adael y Gelli ar y daith i Bethania, fe agorodd y llifddorau, a bu'n llefain y glaw fyth ers hynny.

Trueni na fuasai Ifan yn debyg. Roedd yn gofidio amdano – am Ifan a Cerys yn fwy na dim. Wedi'r cwbl, roedd Gwilym yn gefn i Lowri, ac roedd gan Mam-gu a Dad-cu Llwyd ei gilydd. Ond roedd y tri ohonynt hwy ar eu pennau eu hunain. Fel trindod, serch hynny, fe ddylent allu dod trwyddi. Buasai'n rhaid iddynt ddod trwyddi. Petai Ifan ond yn barod i siarad. O'r gwely i'r beudy, o'r beudy i'r tir ac o'r tir yn ôl i'r beudy a'r gwely. Dyna fu ei hanes yn ystod y dyddiau diwethaf. Prin yn bwyta, a phrinnach ei siarad. Heblaw am ambell gic i Bollt, a chwip chwyrnach nag arfer i din ambell fuwch anystywallt, anodd fu dirnad ei dymer yn iawn. Unwaith yn unig yn ystod y tridiau diwethaf y bwriodd ei fol yn ei gŵydd hi. Amser brecwast fore Llun, ffrwydrodd dros ei gorn fflêcs:

'Odd rhaid i'r hen foi gico'r bwced adeg seilej 'de!?'

Bu'n edifar ganddo'n syth wedyn. Ond beth oedd Beryl i'w ddweud. Pwysau'r cyfrifoldeb ar ei ysgwyddau oedd yn siarad. Yr ail wythnos ym mis Mai oedd wythnos cychwyn ar y silwair, ac roedd y cnwd yn ymdonni'n drwch ar y dolydd isaf a'r haul yn disgleirio'n gynnes uwchben, a dyna lle'r oeddent hwy, a'u dwylo wedi eu clymu ynghanol eu galar. Druan ag e. Aethai allan yn syth wedyn, ac ni welwyd ef tan amser godro'r prynhawn.

Ymdoddi i'r cefndir wnaeth cordiau'r organ wrth i Caradog Rees, gweinidog newydd Bethania, gynnig y Fendith o'i bulpud. Caeodd Beryl ei llygaid yn dynn mewn ymgais i gau'r holl sefyllfa o'i meddwl. Ond yn ofer. Gwelai wyneb Tomos yn glir o'i blaen mor jacôs ag arfer, yn gap brethyn ac arogl gwartheg a gwair i gyd. Er cymaint y ffieiddiai'r arogleuon hynny ar adegau, gwelai eu heisiau yn awr o fewn muriau marwaidd y capel.

Gyda'r *Amen*, aildaniodd yr organ seiniau

'Gwahoddiad' wrth i'r galarwyr gael eu denu i ddilyn yr arch, yn drwm gan flodau, tua'r fynwent gerllaw. Roedd Lowri wedi gwneud jobyn da o'r blethdorch hefyd. Ei theyrnged bersonol i'w thad, meddai hi. Doedd dim i guro lilis, ymfalchïodd Beryl yn dawel bach wrthi ei hun. Gydag un gwasgiad cysurlon drachefn i law Cerys, gwthiodd Beryl ei braich drwy fraich Ifan cyn troi i ddilyn yr arch. O leiaf dyma un apwyntiad nad oedd Tomos yn hwyr ar ei gyfer, ceisiodd ei chysuro'i hun.

23

'Wye wedi ffreio!'

'Am beth wyt ti'n frowlan nawr, Cer?'

'Am y *32AA*s ma sy 'da fi!'

'On i'n meddwl mai math o fatris odd rheini!' ychwanegodd Ifan yn gellweirus o ddrws ystafell Lowri gan wybod yn iawn mai at ei mynwes yr oedd ei chwaer fach yn cyfeirio.

''Na'r tro diwetha fydda i'n dilyn unrhyw gyngor gan *Cosmo*!'

'Beth?'

'*Cosmopolitan*. Dangos ymarferion i neud i ga'l pethe i dyfu! Wedi bod yn 'u neud nhw ers doufis!' eglurodd gan gyfeirio at ei brest.

'Wel lwcus na weithion nhw 'de, neu fydde'r ffrog ddim yn dy ffito di heddi!'

Ysgwyd ei ben yn unig a wnaeth Ifan.

'Bydd rhaid i ti ga'l llo, 'na i gyd!' ychwanegodd yn awdurdodol.

'Llo?' holodd ei ddwy chwaer yn un côr.

'Wel, ma pob buwch yn cadeiro wrth ga'l llo!'

Wfftiodd y merched. Doedd rhai pethau byth yn newid.

'O gad lonydd i ni a cer i wisgo wir!' oedd gorchymyn chwyrn Lowri wrth ei brawd a oedd yn dal yn ei dywel ar ôl cawod. Roedd golwg ddigon derbyniol ar ei wyneb, serch hynny, o ystyried iddo fod ar ei draed drwy'r nos ar batrôl. Pam na allai pawb fod wedi aros gartref am unwaith a gadael llonydd iddynt. Ond dyna Daf a Sbarcs yn eu cyfer! Hwythau wedi addo i Ifan na ddeuent yn agos. Ond dau gadno oeddent, a'r tri wedi treulio gormod o amser yng nghwmni ei gilydd. Gwyddai Ifan gystal a neb nad oedd gair y naill na'r llall yn werth yr un iot ar noson cyn priodas neb.

Hwyrach mai difaru yr oedd ei ddau gyfaill erbyn heddiw, serch hynny. Wyddai Ifan ddim tan y noson honno fod cymaint o sbarc yng ngham Wil Ifans. Fe oedd wedi llwyddo i gornelu'r ddau yn sièd y lloi tra bod Ifan yn brysur yn gollwng y gwynt o olwynion GTi Daf oedd wedi ei barcio'n ofalus yn y gilfan gyferbyn â'r tai cyngor. Yn ffodus, roedd gan Wil ddigon o gorden bêls ym mhoced ei got i sicrhau na fedrai Dafydd a Marc wneud mwy o felltith y noson honno, ac fe'u clöwyd nhw yn sièd y lloi yn ddigon didrafferth. Erbyn i Ifan ddychwelyd, roedd Morys Bach yn anelu'r beipen ddŵr at do'r swyddfa lle roedd Phil Fangs yn glynu wrth y bondo ar flaenau ei fysedd, cyn i hwnnw ddianc i lawr y lôn yn wlyb domen. Chwilio am yr XR2 oedd pawb, medden nhw. Ond roedd hwnnw'n ddigon diogel, diolch i Wil Ifans. A hwythau wedi addo i Ifan na ddeuent yn agos. Ond dau gadno oedd Daf a Sbarcs. Roedd y tri wedi treulio gormod o amser yng nghwmni ei gilydd, a gwyddai Ifan nad oedd gair y naill na'r llall yn werth yr un iot ar noson cyn priodas neb.

Dwyawr o gwsg yn unig a gafodd Ifan ar ôl y ffwlbri, gan iddo benderfynu godro tua chwarter wedi pump, cyn mynd i'w wely. Bu bron iddo anghofio'r cwbl am Daf a Sbarcs yn sièd y lloi, gymaint oedd ei flinder. Beryl, ei fam, a'u gollyngodd yn y diwedd. Chwarae teg iddi. Roedd wedi paratoi brechdan facwn yr un iddynt er gwaethaf ei hewinedd peintiedig a'r cyrlyrs yn y gwallt, a'r ffaith nad oedd ar neb arall yn y Gelli fawr o archwaeth bwyd y bore hwnnw.

'Helô?'

Llais o'r gegin.

'Ble ma pawb 'te?'

Chwarter wedi naw. Mam-gu a Tad-cu Llwyd. Doedd bosib eu bod yn barod. Doedd y briodas ddim tan ddeuddeg o'r gloch! Beth oedd y brys, holodd Ifan ei hun wrth rwbio'i gefn yn sych â'i dywel.

'Rhowch y tecil ar y tân i ga'l disied!' Llais Beryl

o'r llofft ffrynt. Roedd wedi encilio yno ers meityn gan adael y gweddill i'w dyfeisiadau eu hunain. Fyddai heddiw ddim yn hawdd iddi, meddyliodd Ifan, ddim i'r un ohonynt. Ond roedd y diwrnod yn golygu gormod i Lowri iddynt ddangos hynny i neb. Roedd hi'n union fel petai wedi llwyddo i gau'r holl dristwch o'i meddwl yn llwyr, yn union fel cau llyfr a ddarllenodd ac yna'i ddychwelyd yn derfynol i'r llyfrgell. Ond dyna ni, roedd ganddi gymaint mwy i edrych ymlaen ato. Câi ddechrau ar antur fawr. Dyna'r briodas, symud tŷ, a chychwyn ar ei swydd newydd fel gwraig y bòs ac ysgrifenyddes newydd Roberts a'i Fab, Cyf., Bwydydd Anifeiliaid. Ond roedd ei lyfr e, Ifan, yn dal yn llydan agored er hwyrach na ddylai yntau deimlo mor ddigalon, gan fod ganddo ef, bellach, ddau can erw o fferm i'w rhedeg yn union fel y dymunai.

Cofiodd Ifan am y garden gydymdeimlad oedd yn nrôr uchaf y cwpwrdd wrth y gwely, ac ymbalfalodd amdani.

'Cofion atat yn dy hiraeth. Cawn gyfle i siarad yn fuan. Cariad, Mari xx.'

Pe bai hi ond yn gwybod faint o gysur a dderbyniodd yn sgil y garden honno. Yntau wedi tybio fod popeth ar ben, ond hwyrach, hwyrach, fod yna lygedyn bach o obaith. Pwy a ŵyr? Gobeithiai hynny'n fawr, oherwydd er cymaint o asgwrn cefn fu Daf a Marc yn ystod yr wythnosau diwethaf, byddai wedi cyfnewid y cwbl am un goflaid gariadus gan Mari. Mor araf y daeth i sylweddoli gymaint o gysgod oedd ei bodolaeth hi drosto, a chymaint yr oedd yn gweld ei heisiau.

Clywodd ddrws llofft ei fam yn agor a gwthiodd Ifan ei ben allan o'i ddrws yntau i gael cip arni wrth glymu ei grafát. Hwyliodd i lawr y grisiau'n hufen sidanaidd i gyd, a'i het yn dynn yn ei llaw.

'Whit-whiw!' chwibanodd Ifan. 'Dyw *Posh Spice* ddim ynddi!'

Er gwaetha'r edrychiad heriol, roedd hi'n amlwg fod Beryl yn dawel blês â'i sylw.

'Siampên unrhyw un?' Cynigiodd winc sydyn wrth basio.

'Rhowch ddwy funud i fi!' a rhuthrodd Ifan yn ôl i'w ystafell i dwrio am ei wasgod.

'A phaid anghofio dy *dop hat*!'

'Sut allen i?!' chwarddodd.

24

Roedd hi'n amlwg fod Beryl Huws wedi digio. Doedd dim angen iddi yngan gair. Diau fod Wil Ifans yn chwarae â thân wrth ofyn iddi osod ei flodyn yn llabed ei siaced. Roedd yr olwg mi-ladda-i-di yn ei llygaid yn ddigon i awgrymu y gallai wneud llawer o ddifrod â'r pìn yn ei llaw pe dymunai. Methai Ifan ddeall pam, chwaith. Onid llawenhau ddylai pawb wneud yn sgil y siec o ddeg mil o bunnoedd a gyflwynodd Mam-gu Llwyd mewn amlen i Lowri wedi iddi orffen gwisgo?

'Dw i heb weld siec Banc Iwerddon o'r blân!' meddai Cerys wrth i'w chwaer ddod dros ei sioc yn raddol.

Peswch yn unig wnaeth Dad-cu Llwyd.

'Cyfri arbennig ron i wedi anghofio amdano ers tro!' ychwanegodd Mam-gu Llwyd gan wenu'n siriol ar ei gŵr.

Agorodd Beryl Huws ei llygaid yn fawr gan ysgyrnygu dannedd wrthi ei hun. Roedd yn ceisio'i gorau i beidio â gadael i'w gwir deimladau ffrwydro'n ymosodiad milain ar ei mam-yng-nghyfraith. Sut allai hi? Mam-gu Llwyd o bawb! A hithau wedi addo, wedi taeru, na wyddai hi ddim o'i hanes; nad oedd wedi gweld na chlywed gair oddi wrth Dewi ers . . . ers . . .! Dechreuodd dwrio'n ffwndrus yn ei bag llaw . . . sbectol, menig, macyn, mints . . . cyn gwasgu'r cyfan yn ddiogel dynn gyda chlic benderfynol y botwm magnetic.

Synhwyrai Ifan anesmwythyd ei fam ond ni allai ddirnad yr achos. Diolchai fod potel arall o siampên ar gadw ar eu cyfer yn yr oergell.

'Llwncdestun!' mentrodd Ifan.

'I'r dyfodol!'

Graddol gododd pawb eu gwydrau mewn cytundeb, a buan y diflannodd arwyddocâd y siec amheus wrth i'r bybls ddechrau goglais gyddfau'r cwmni. A chyn i neb gael amser i feddwl mwy, roedd hi'n amser ei throi hi am y ceir a Chapel Bethania unwaith eto. Dihangodd Beryl fel llygoden o drap i ddiogelwch sedd gefn Rover Trefor Morys oedd yn eu digwyl ar glos y Gelli, tra ciliodd Ben a Magi Huws yn wylaidd i'w Metro hwythau.

'Ifs! 'Drych ar yr holl bobol,' meddai Lowri wrth weld y dyrfa helaeth oedd wedi ymgasglu ar yr heol ac ar hyd y llwybr a arweiniai i fyny at y Capel wrth i'r ddau gyrraedd yn eu cert a cheffyl, a Wil Ifans wrth yr awenau. Cododd hithau ei llaw i gyfarch ambell un, ond ymdoddi'n gymysgfa fawr wnaeth yr wynebau i Ifan. P'un ai ei feddwl neu'r siampên oedd yn chwarae triciau arno, ni allai fod yn sicr, ond erbyn hynny roedd wedi dechrau dod i sylweddoli pam y cyfeirid at briodas fel diwrnod 'mawr'!

Disgwyl amdanynt yn eu gogoniant yn yr heulwen wrth y grisiau yr oedd Beryl a Cerys.

'Pawb wedi dod i weld Cerys mewn ffrog, siŵr o fod!' sibrydodd Ifan yn gellweirus wrth Lowri gan gyfeirio at hoffter ei chwaer fach o'i throwsus. Bu raid iddo yntau gyfaddef, yn dawel bach, mor hardd yr edrychai yn ei ffrog laes o liw lafant, ac roedd awgrymiadau cynnil Marc Sbarc, yn ei rôl fel ystlyswr gyda Dafydd, yn cadarnhau ei farn i'r dim.

Roedd gweld ei fam a'i chwaer fach yn sefyll o'u blaenau yn eu gogoniant yn ddigon i dynnu dŵr i lygaid Ifan. Byddai ei dad yn falch iawn ohonynt y foment honno, roedd yn siŵr o hynny. Mor braf oedd gweld Beryl allan o'i du o'r diwedd, er nad oedd ei mab wedi ei lawn argyhoeddi gan anferthedd ei het.

'Ma nhw'n barod amdanoch chi!' sibrydodd y

ffotograffydd yng nghlust Ifan wedi gorffen ei glicio parhaus. A chydag un edrychiad hir ar ei chwaer, cydiodd yn ofalus yn ei feil a'i thynnu'n dyner dros ei hwyneb cyn dechrau ei thywys, yn llawn balchder, tua drysau'r Capel – a Gwilym. Ond wrth ddringo'r grisiau, tynnwyd sylw Ifan gan sŵn crio o'r tu ôl iddo. Sŵn sgrech dyner baban oedd yn torri drwy'r rhialtwch ac yn amharu ar ei nerfau. Oedodd ar hanner cam a throi rownd yn araf tua chyfeiriad y sŵn. Gwelwodd. Rhewodd yn y fan heb fedru symud cyhyr.

'Mari!' sibrydodd dan ei anadl.

'Mari?'

Ac yn ei breichiau, roedd baban bychan, hwyrach ddim mwy nag ychydig ddyddiau oed, yn anniddigo'n stwrllyd wrth chwilio cysur mewn potel laeth.

Trodd Lowri'n ddiamynedd at ei brawd i geisio gweld beth oedd yn cadw Ifan, a sylwi ar ei lygaid wedi eu hoelio ar Mari a'r babi.

'Wyddet ti ddim?' holodd Lowri'n dawel.

Ysgydwodd Ifan ei ben yn gegrwth.

'Bachgen bach – Siôn Ifan!'

'Siôn Ifan,' ailadroddodd Ifan yr enw'n araf fel petai'n profi saig amheuthun.

Dawnsiodd arlliw o wên falch ar draws ei wefusau, a rhoddodd wasgiad cadarn i fraich Lowri, cyn ailgychwyn ar y daith tuag at yr ale.

* * *

'Stop y car!'

Roedd ple Ifan wrth Trefor Morys, eu gyrrwr, yn un daer wrth ddynesu at lôn y Gelli, a Lowri a Gwilym yn trotian i lawr y rhiw o'u blaenau. Edrychodd Beryl a Cerys ar ei gilydd yn anfoddog.

'Sdim amser i whilibowan, Ifan. Ma'r ffotograffydd yn disgwl!'

'Disgwl beth?' oedd ei unig sylw wrth neidio allan o'r cerbyd a'i baglu hi i fyny'r lôn tua'r tŷ.

Dechreuodd Beryl edrych ar ei horiawr a tharo ei bysedd yn eu tro ar ei bag llaw i fynegi ei dicter.

Aeth rhyw bum munud heibio cyn i Ifan ddod i'r golwg eto, a'r tro hwn yn ei XR2.

'Beth ma fe'n meddwl ma fe'n neud?!'

Gyda hynny, dyma Ifan yn parcio'r car yn ddestlus wrth fynedfa'r lôn ac yn ymbalfalu yn sedd y cefn am rywbeth. Anodd dweud pwy gafodd ei synnu fwyaf pan osododd Ifan arwydd 'AR WERTH' mawr ar ffenest flaen yr XR2. Buasai Beryl a Cerys yn pregethu digon arno, yn eu tro, fod angen iddo gael trefn ar ei bethau a chael gwared ar ei hoff gerbyd hynafol. Ond pam nawr?

Heb yngan gair ymhellach, neidiodd Ifan yn ôl i sedd flaen car Trefor Morys, a'i afael yn dynn yn ei ffôn symudol.

'Bant â ni 'de!' meddai, heb drafferthu ag eglurhad 'Ma 'ngheg i ar dân isie peint!'